JN194087

〈つながり〉のリベラリズム

規範的関係の理論

The Nature of Relationships in Liberalism
Rights and Affirmative Obligations

野崎亜紀子
Akiko Nozaki

keiso shobo

はしがき

本書は、自由について、筆者が法哲学を中心とする場に身を置き考えてきたことを論じている。自由について考えるといっても諸々の角度がある。法哲学的な視角で自由について考えるということは、「個人を尊重する」ということを、理論的かつ実践的に真剣に考えることである。そして、社会に生きるあらゆる個人の尊重を可能にする社会を作り、維持し、共存をはかるという基本的なものの考え方（理論）のもと、どのようにしてそのような社会が可能になるのかを、社会にさまざまに生じうる課題に対してどのように応答し、対処することができるかという実践的帰結と常にともに考える、ということである。

さて、社会は何もないところから創られるのではなく、その時点で「ある」ところからの改善改修をはかる、いわばノイラートの船である。改修の資材の変化はもとより、浮かんでいる海のありようの変化もそれなりに大きい。

社会のなかに生きる個人らによって構成される社会の環境は漸次的に、時に劇的に変化する。変化を起こす力にはさまざまな種類がある。なかでも、医薬開発を含む科学技術の進展はこれまで常に、人間の生に大きな影響を及ぼしてきた。なによりそれは「できないこと」を「できること」へと変化させる誘因であった。徐々にあるいは劇的に、そうした変化は起こりつづけてきたのであり、現代から振り返ってみれば近代はその連続であったというべきだろう。とりわけ前世紀の末から今日にいたる期間は、同時代に生きる当事者でさえも変化の大きさにおののくほどに、人間の生（life）のあり方に直結する課題が次々に生じ、社会はこれらに直面してきた。いかに生まれるか。いかに生を締めくくるか。これらのことがらが、広く自然の範疇の問題から自由（選択）の範疇の問題へとその位置づけを移してきたことは、変化の核心を構成している。そしてこのことは、社会における初期条件の変化と言いうる。

生まれる場面に視点を絞ると、生殖補助技術の展開は、生まれくる子どもの生にも、産む女性の生にも、そのパートナーの生にも、また当該技術にかかわるさまざまな人々にも直接・間接の影響（力）を及ぼす。締めくくりの場面では、人生の最終段階の迎え方、医療・治療の方針決定に関する制度設計の推進は、高齢者にとどまらないさまざまな個人、その家族や親密な人たち、これにかかわる（医療者を含む）人々にまで、同様の直接・間接の影響（力）を及ぼす。

そしてこれらの問題については多くの場合、公権力の関与が求められており、法・制度的対応が望まれている。そうした社会状況のなかで、個人の尊重という近代が見出した自由を基底とする普遍的価値を確保するためには、どのように考えればよいだろうか。

随分と壮大なテーマなのではあるが、この課題を理論的実践的検討の問題として捉え、制度設計のあり方を考えるという喫緊の課題が、眼前に存在している。筆者はこうした課題についてこれまで、具体的に考えてきた。この個別具体的取り組みと、理論的検討とを結びつけることこそが、真剣に考えること、なのだろう。

本書の基礎をなす論文は、非公表のものを含め以下のとおりである。いずれも今回本書を構成するにあたり、タイトルを含め大幅に内容を追記・修正している。ここにいたるまで随分と長い時間がかかってしまったこととともに、そのときそのときの具体的課題への取り組みとともに考えるという積み重ねであったことから、事実および文献等のアップデートが及んでいない部分があることは、大きな反省である。ただ筆者がそこに見出した課題、考える意図と方針については、変更がない。

序　章　「関係性の権利を考えるために――「関係性」と「権利」の関係」日本法哲学会編『法哲学年報二〇〇四』（有斐閣、二〇〇五）一三七―一四五頁

第一章　「〈個人の尊重〉と〈他者の承認〉――新型出生前検査から考える」『同志社アメリカ研究』五三号（同志社大学アメリカ研究所、二〇一七）一九一―二〇九頁

第二章　「ケアの倫理と関係性――ケア関係を構築するもの」竹下賢・長谷川晃・酒匂一郎・河見誠編『法の理論　32』（成文堂、二〇一三）八七―一一四頁

第三章　「法的主体と関係性――ケアの倫理とリベラリズムの論理」仲正昌樹編『叢書アレテイア15「法」における「主体」の問題』（御茶ノ水書房、二〇一三）二四九―二七三頁

第四章　「第一章　「平等」の議論と「差異」の議論」学位論文「法は人間の「生」をいかに把握すべきか――マーサ・ミノウの「関係性の権利論」を手がかりとして」（二〇〇一年九月、千葉大学提出）

第五章　「特別関係に基づく義務と責任」日本法哲学会『法哲学年報二〇〇〇』（有斐閣、二〇〇一）一八

一一一八七頁

終　章　「規範的関係論・序説」『千葉大学法学論集』二九巻一・二号（千葉大学法学会、二〇一四）一四九一一七四頁

補　論　「ケアの倫理とリベラリズム――リプロダクション（生殖）をめぐる視角から」大阪府立大学女性学研究センター二〇一八年度第二二期女性学講演会「ケアの倫理とリベラリズム――依存、生殖、家族」における講演（二〇一八年一〇月六日大阪府立大学女性学研究センター）

本書の研究の始まりは、学部学生であった一九九〇年代前半にさかのぼる。当時、わが国では脳死・臓器移植法の制定に向けた議論が進んでいた。三年次から所属していた家族法のゼミナール（中川良延千葉大学名誉教授）は、穏やかな雰囲気ながら、真剣かつ自由な発表や議論の場であった。筆者はこのとき、臓器移植法制化問題を取り上げることにした。発表する準備のために、この問題についての日本の状況と法制化に向けた議論状況および国外の制度等を知るべく、各所で開催されていた脳死・臓器移植問題および法制定にかかる問題について議論検討がなされる場に参加し、法整備に向けて議論する各種関係当事者の方々（ドナー、レシピエントの経験者、その候補者ともなりうると考えられた方々、ご家族やご遺族、医療者、有識者等）の姿を目にし、彼らの声を耳にした。立法に際しての課題は各種あったが、特に、脳死臓器移植実施要件としての意思の問題と、その正統性にかかる議論に着目してゼミ報告をおこなった。人間の生と死にかかわることがらが、誰かの――そしてそこに家族が登場する――意思によって決せられる仕組みを法律で作る、ということに対して、なぜそうありうるのか、そうあるべきなのかといった疑問を当時、きちんと言葉

で論じることができないまま、報告を終えたことをよく覚えている。

その後どうしたものかと考え、四年次の途中からもう一つ参加したのが法哲学ゼミ（嶋津格千葉大学名誉教授）であった。直接に具体的課題に取り組むゼミではないが、そういった疑問をもっているのであれば法哲学のゼミはどうかと友人にすすめられたと記憶する。臓器移植法は、筆者が博士課程在学の途上で成立し（一九九七年）、このとき、脳死を法がどのように位置づけるのかという大きな問題の決着はつかず（いまもついているのかどうか判然としない部分がある）、ドナー本人の意思および家族の同意、また運用に関する指針では遺族の意思の総意は「喪主又は祭祀主宰者となるべき者」が取りまとめる、とされた。ますます疑問は膨らむばかりとなった。

大学院修士課程からは嶋津先生のもとで勉強を進めることになるのだが、折々の瞬間に、著者にとって言葉にならないもやもやとしたことがらを、先生はなるほどという言葉で表現された（たとえば「未知の帰結に対する漠然とした不安」や、タブーをめぐる問題等）。いったんそれが言葉になると、より具体的にもより抽象的にも、論じることができるように思われた。実際、言葉（概念）とはそういうものなのだろう。ただ同じゼミ生の皆はわりとすぐに反応して言葉をつなぎ議論をしていけるのだが、筆者は何も言えずにいることも多く、内心ひどく落ち込んでいた。

そうした修士課程・博士課程の数年、法哲学ゼミ等に出席するなかで、内外の理論家のテキストに取り組んだ。法哲学ゼミではロナルド・ドゥオーキン、デレク・パーフィット、リチャード・ローティ、また政治哲学（前田康博千葉大学名誉教授）のゼミではヘーゲル、ホッブズ、ほかにも自主的な読書会等々でユルゲン・ハーバーマス、マイケル・ウォルツァーら、理論家のテキストを読みあれこれと議論するといった時間を得ることができた。しかし常に、人の生と死と、その後のありようを、誰かの意思によって、ましては本人ではない家族の意思によって決すると法が決めることへの疑問は残ったままとなり、何が疑問でありどう検討すべきであるのかは、依然としてはっきりとしきらないままであった。そんな最中、家族に関する文献などを読み進め、マーサ・ミノウの関係性の権利論を知ることとなった。

関係性というあいまいな概念を用いた権利論の議論に、「親子等の関係にあたかも当然内包すると想定されているように見えるなにものかを言葉にする」という取り組みの端緒を見出した、と感じたのである。結果的に学位論文ではミノウの主張を中心に検討をすることとした。並行してフェミニズムの議論、また生と死にかかわる領域との関係でバイオエシックスの議論に学ぶことになる。なお学ぶべきところの多いフェミニズムの議論であるが、筆者の議論には表向きフェミニズムの理論家の議論を仔細に検討することはない。これは筆者自身の問題関心の中心が「生と死の領域から考える」というところにあり、これこそが法学における核心課題であると考えるからである。

ちょうど学位論文を書き上げる頃合いとなった二〇〇〇年前後に、クローン羊ドリーの誕生を契機としたクローン技術からヒト胚性幹細胞（ＥＳ細胞）研究規制の問題、それと接続して生殖にかかわる法制度上の問題（重症障がい新生児の治療に関する問題）を検討する機会を得ることになる。学位論文をどうにか書き上げてすぐのタイミングで幸いにも日本学術振興会特別研究員（ＰＤ）に採用され、これらの具体的課題（それは日本にとどまらないグローバルな課題であった）について考える機会を得たことは、理論と実践とを結びつけて考えることをまさに実感する点で非常に幸運であった。ここにいたって漠然と抱いていた、法における人間の生と死を基点／起点におくことの必然性と必要性とが現実化したことになる。その後、ｉＰＳ細胞研究はもとより、各種医薬科学研究の規律のあり方にかかる実践的諸問題、出生前検査の規律および審査体制のあり方などの実践的課題への取り組みといった契機・経験を得て今日にいたっている。

こうした研究の進め方の経緯とかかわるのだが、筆者の研究にかかる思考は、教育実践や大学行政における実践とも深くつながっている。講義や演習、学生指導、また大学内および学外協力としての行政上の職務・業務の実践は、この態度や言葉は何を伝えようとするものであるのか、どこに問題が生じているのか、この考え方にもとづくならばどのような行動・判断の選択肢がありうるのか、帰結はどうかといったことを考える、思考の実践の場であると筆者は受け止めている。これまで三大学で教育・研究をおこなう機会を得てきたが、幸いなことに良い学生、同僚職員に恵まれこれらの思考実践をつづけることができている。

初任校の広島市立大学国際学部では、国際的な環境と多様な専門性のなかで教育・研究をおこない、学生・同僚職員の皆さんと語らうなかから多様なものの見方や他学問領域における事例を学び、尊敬をもって結びつけ、考える経験を得た。次任校である京都薬科大学では、自然科学分野における教育・研究の進め方や組織運営、また薬学と医療との接続が制度的にも具現化していくありようを近くから目に耳にし、筆者にとって既知のものの考え方が揺さぶられる驚きとともに、学生・同僚職員の皆さんから豊かな知見を得ることとなった。この間、医薬科学制度にかかわる仕事に携わることができたのは、所属のゆえということも大きく、いまとこれからの著者の研究に大きな力を与えていただいた。そして現在の本務校である獨協大学法学部ではあらためて、法哲学に向き合うという、文字どおり貴重な機会をいただいている。

本書を取りまとめるにいたるまで、日本法哲学会はじめ、法理学研究会、東京法哲学研究会では報告の場その他で、大変に多くのご指導を賜っている。また日本医事法学会、日本生命倫理学会等において、さまざまな方々にご指導を賜った。すべての皆様に感謝申し上げます。学んだ文献とともに、国内外にあまりに多くの諸先生方に及ぶこともあり、ここでお一人お一人のお名前を挙げるにいたらない非礼をお許し願いたい。挙げて三先生にお礼を申し上げる。

なにより、学部学生の時分よりご指導賜っている嶋津格先生には、さまざまなところでのご発言や折に触れてお目にかかる際のコメントを含めて常に、著者が惑う部分・課題について考える契機をいただいている。まったくもって遅々としていてはっきりとしない、いつまでも手のかかる教え子をご指導くださりありがとうございます。玉井真理子先生（信州大学／臨床心理学・生命倫理学）には、人間の生と死にかかる制度問題に取り組む直接の機会をいただいた。先生を中心に広がる方々とのつながりと対話を通じて、筆者は継続的に考える力を維持できたことに、あらためてお礼を申し上げます。そして町野朔先生（上智大学名誉教授／刑法学・医事法学）には、医学研究の規律の制度設計について、医療者、行政、各領域の法学者が集い具体的に検討する場への参加の機会を与えていただいた。智のつながりをいただきありがとうございます。

なお研究を進める過程において、日本学術振興会科学研究費助成事業（02J02617、18730010、20730008、20530001、26380020、17K03331）による支援を受けた。これらの研究費があって得られた資料、参加できた研究会、つながりを得た方々がある。加えて本書刊行に際しては、獨協大学学術図書出版助成費より助成をいただいた。記して感謝申し上げます。

本来であればもっと早くに取りまとめるべきところ、これほどまでに時間を費やしたことには反省することしきりである。勁草書房の鈴木クニエさんには、出版のお声がけをいただいて以降、辛抱強く支えていただいた。出版をお引き受けくださった勁草書房、そして鈴木クニエさん、本当にありがとうございました。

最後に、常ながら私に向き合ってくれる、中山茂樹（京都産業大学／憲法学）に心からの感謝を込めて。ありがとう。

野崎亜紀子

二〇二四年六月

〈つながり〉のリベラリズム　規範的関係の理論

目次

序　章　関係性の権利を考えるために

――「関係性」と「権利」の関係

一　関係性という言葉

「関係性」という概念は今日、法学に限らずありとあらゆる場面に登場し、語られ、多様な意味で使われている。多様な意味をもつ「関係性」をめぐって、いくらか検討すべき課題が浮上してきた。本書は、個人の尊重を支える環境という観点から個人と特定の関係を有する者とのあいだの「関係性」に焦点を当て、個人の尊重を基盤とする規範理論における関係性の位置づけを明らかにすることを目的とする。

ところで「関係性」という言葉は、「何か」と「何か」とのかかわりを表す語にすぎない。したがって、関係する者とされる者とが「誰」と「誰」であるのか、また、どのようなかかわり合いが「関係性」という言葉で表象されているのかを明らかにしないかぎり、「関係性」という言葉を用いたとしても、そこで問題にされている内容も論点も理解することはできない。

本書はこのような理解にもとづき、関係性概念を法学の領域において、規範理論のもとで論じることを課題とする。より具体的には、自由な社会が成立するための基本要素はなんであるのかという問題を、「関係性」という視角から論じる可能性を求めている。多分に文脈に依存する関係性という概念を、正義を基底として普遍性を標榜する法（哲）学の領域内、すなわち規範理論のなかで論じてみようという試みである。

ここでは、「関係性の権利」という多義的な概念を整理し、そのなかでも「関係性のなかの権利」に注目する。そしてこの権利が義務的内容をもつことを明らかにしたうえで、この理解に対する批判に応える。

二 「関係性の権利」分析

「関係性」とは、関係当事者を伴う状況で解決すべきさまざまな問題について、どこに問題があるのかを捉えるうえで、当該の問題を分節化する際にしばしば用いられる概念である。(1) しかし、法理論上の概念として「関係性」を位置づけ理解すること、すなわち規範理論のもとで論じることは、この概念が非常に文脈依存的であるゆえに困難を伴う。(2) 関係性は、個人と個人、個人と集団、あるいはまた個人と国家など、人と他存在とのかかわり合い全般を指し、用いられる。そのため、おのおのの文脈における「関係性」によって表される意味は、文脈依存的・個別的であり、それぞれに応じて、内容や意味、機能は異なる。

さて本書では、リベラリズム法学を支える基盤を探究していく。そこで序章では関係性を論じるにあたっての基点を示しておきたい。筆者は関係性を、個人の尊重に不可欠な環境のあり方を問う視角を獲得するという観点から捉える。そのためには多様な関係性の、どの文脈を、どのように法が取り扱うことができるのか、取り扱うべきかについて、法のもつ普遍性という特性の観点から、検討を加える必要があるだろう(3)。

1　普遍性

「普遍性」とは何かという問いにここで取り組むことは困難だが、「関係性」との関連で必要なかぎりで論じる。

近代法は個人の尊重を基軸として、人を「正しさを基底とする法の前に等しく扱うこと」を要請しており、この要請は今日の私たちの社会制度が受容し、前提とする原則である。この正しさを基底とする法の前の平等原則は、個人の尊重を基軸として「等しき者を等しく、等しくない者を等しくないように」扱うことを要求している。普遍性は、この原則から論理的に導出される帰結であり、換言すればなんらかの判断を法的（規範的）判断であるというためには、この意味でいう普遍化可能性が要請される。つまり関係性を法（哲）学上の問題として語るということは、「関係性」が普遍化可能性の要請を充たす必要があることを意味している。

では、どのような関係性を普遍性ありとするのか、何をもって「等しき者／等しくない者」とすべきか、何をもって「等しく扱う／等しく扱わない」こととすべきか。この問いに対しては複数の回答がありうるだろうが、ここでは「重要な点で類似している事例については、同様の判断が下されるべきである」という理解に立つ(4)。

何を重要な点だと理解するのかについては、さらに問題をはらむ。たとえば実定法上、夫婦、親子、介護者と被介護者など一定の関係にある者は、その関係のゆえに、当該関係内において関係当事者らは特別な義務・責任を負うと規定される。これらの規定の前提には、ある特定の関係下にある者に対して一定の法的義務・責任があるべきとする理由がある（はずである）。そうであればこそ、この社会においてはそれら一定の関係にある者についてはあまねく、一定の法的義務・責任が課されることになる。

ではなぜ、この特定の関係にある者が、その関係のゆえに法の前に一定の義務・責任がある者として等しく扱われるべきであるのか。関係性の権利論というのは、この問いに応えようとする試みとなる。

2 「関係性」と「権利」

「関係性」の問題解決能力に過大に期待する（あるいはまったく期待しない）のは、その関係性を生み出している関係の文脈と個別性、あるいは関係性という語の、それ自体ではなんら内容をもたないゆえに言葉以上の内容を思わせる何かに由来するのかもしれない。またこの期待は、法理論のもとで論じられるべき関係性と、それと異なる領域で論じられる質的に異なる関係性について、同じ「関係性」の語で論じていること、あるいは質的な差異に対して無自覚ですらあるところに、多くを負うように思われる。このことを反省したうえで、「〈関係性〉と〈権利〉との結びつき方の如何」という視点から検討する必要がある。

ここでは関係性の権利という場合の〈関係性〉と〈権利〉との結びつき方を捉える観点のおきどころを暫定的に、以下の四つに分類してみることにする。すなわち①関係性への（to）権利、②関係性による（by）権利、③関係性のなかの（in）権利、④関係性としての（as）権利、である。もちろんこれら相互に排他性はなく、かつ完全な分類とはいえないが、大別すれば以下のように整理できるだろう。

①「関係性への権利」が論点化される場合を考える。私と他者（集団）とのあいだには、ある特定の関係が認められるにもかかわらず事実上その関係性が形骸化している、ないしは存在しないかのような状況にある。このとき私、あるいは他者（集団）は、そこにあるはずの関係性を認めて「維持・継続させよ」、あるいは逆に、あるべき関係性が破綻しているならば「この関係性を停止・解除せよ」と主張する。これを「への権利」と称する。

具体例としては、親が十分に子を育児しない遺棄状態にある場合、子は親に対して「私をきちんと監護・養育せよ」と関係性の構築を主張する、あるいは逆に、「もはや親権を剝奪せよ」と関係性の切断を主張する事例が挙げられる[5]。このことは、「への権利」が関係当事者の「関係性」の有無に重点をおいた権利観念であり、つまりいかにこの関係を継続させるか、それとも解除すべきか、ということを焦点とする。

これに対して、②「関係性による権利」というとき、そこにはあるべき法的関係性が現に存在しており、これを根拠として、充たされるべき権利の実現を主張することを焦点とする。「による権利」についての権利分析の例として、継続的契約関係の取り組みを挙げることができるだろう[6]。これは「による権利」が、関係性を根拠とする「権利」行使に重点をおいた権利観念という特徴を有し、関係性が継続してきたことにもとづく継続への期待という「権利」を観念し、その有無が焦点となるためである。

「への権利」「による権利」はいずれも関係性を契機とした権利の観念である。これに対して、③「関係性のなかの権利」は、「への権利」「による権利」の両権利主張が成立するその前提ないしは、権利主張できる環境の確保のために構想される権利観念である。すなわち「関係性のなかの権利」は、ある一定の法的関係性が存在するならば、それを理由として「への権利」「による権利」といった権利を主張しうるとする場合の根拠

（基底）に位置づけられる権利の観念である。

「なかの権利」が存在・承認されないかぎり、「への権利」「による権利」は（実定法上認められているという意味で存在したとしても）、なぜ「関係」に権利が伴うのかを説明することはできない。したがって、「なかの権利」は、「への権利」「による権利」の基底的権利観念といえるだろう。筆者の理解にもとづいて先取りして言えば、「なかの権利」は片務的な特別積極義務の承認のうえに成り立っている。この片務的特別積極義務は法の普遍性基準を充たす。ゆえに、「への権利」「による権利」は法的に主張・承認可能となるのである。

これに対して④「関係性としての権利」は、先の①～③とは次元を異にしている。①～③は原則として既存の権利概念それ自体は受容したうえでの分類であるのに対して、この「としての権利」は、従来の権利概念自体を「関係性」という概念装置を使って再構成しようという試みである。米国の法理論家マーサ・ミノウをはじめとする関係性の権利論者は、この立場から関係性の権利論展開を試みている。権利を新たな視角で照らそうというこの試みのもとでは、上述の①～③の分類自体も新たなかたちに組み替えられることが予測され、この点で上記①～③とは次元が異なると考えられる。(7)

本書の考察は主として③関係性のなかの権利にあるため、次節ではまずその意味するところを論じる。

三　関係性のなかの権利——片務的権利義務関係

権利主張をできる環境の確保という視角を得るために、「関係性のなかの権利」について、その基本的特性を明らかにしたい。

最初に着目する点は、なんらかの特定の法的関係性を維持・継続あるいは切断することの根拠となりうる「なかの権利」とはどのような特性をもつのか、である。上述の夫婦、親子、介護者と被介護者など一定の関係にある者といった例からも想起されるように、維持・継続されるべき法的関係性は、契約関係にとどまらない。単純化をおそれず言うならば、関係性のなかの権利は、従来の契約関係の範型にみられる互恵性を前提とするギブアンドテイク（give and take）型の権利関係ではないということである。

ギブアンドテイク型の権利関係と、関係性のなかの権利とのあいだの大きな相違点は、前者が基本的には他者との関係をつなぐか切るかというデジタルな関係を前提としているのに対して、後者はその関係性の維持・継続の遂行を前提としている点である。(8) つまり前者が、テイク（take）の有無およびギブ（give）の有無が関係性の成立ポイント（したがっていずれかがなくなればそこでの関係性は不成立（切断））となる権利関係であるのに対して、後者は、仮にテイクがないとしても、その関係を維持するためにギブを構成員は負うという、いわゆる片務的負担内在型の権利関係である、と言いうる。

この片務的負担の内在、という点に着目して以下に一応の整理を示したい。

1　個人の尊重と特定の関係性

関係性のなかの権利を法（哲）学上の構想と位置づけるにあたり、法的権利が有する「普遍性」をもちうるのかが問題となる。

関係性それ自体は文脈等々に依存するため、あまねく個人が関係性の網の目のなかで、関係性があるゆえに権利や義務を有するとは言いがたい。「そうした関係性という網のなかで失われる個人の尊重を企図するのだ」という意味での前近代の範型に対するアンチテーゼこそ、近代を支える思想である。したがって個人を基盤とし、これを尊重する社会秩序の構築を目指すプロジェクトとしてのリベラリズム法学のもとにおいて、関係性の権利が正当化されうるとすればそれは、関係性のもとで取り交わされる（たとえば育児や介護等といった）さまざまな実践の蓄積ではなく、個人の尊重にとって不可欠な規範的要請でなければならない。

ここで確認しておくべきことは、個人を尊重する基点として不可欠な環境は何か、である。

この社会における個人を個人として尊重の対象とする起点／基点は、出生である。出産を担う当事者である妊娠女性（とそのパートナー等）によって、胎児はその存在を特定され、妊娠女性（とそのパートナー等）によって親子という、親密な関係を構成する特別な存在として認められる。このようにしてその存在が認められた者が妊娠継続を経て出生にいたったとき、法的主体としての個人として尊重の対象となる。(9) その結果、出生によって当該個人は、家族を一つの典型とする親密圏内において社会から保護され養育される。かつそのような保護・養育の場を確保する責務を公権力が担う。これらの両方が、この脆弱な社会構成員である個人の尊重の基礎におかれる。

法的主体としての個人は、このような基幹的環境のもとにおかれるべきことが要請される。法的主体としての個人の前提として、他者（ここでは妊娠女性とそのパートナー等）が特定の関係下においてその者の存在を、みずからと特定の関係にある者として受容する必要がある。換言すれば、向き合うという事実を起点／基点としたうえで、法的主体が生み出されることを、ここで確認しておきたい。

特定の関係性の維持は、リベラリズム法学を支える環境的基盤であるとともに、その環境的基盤の維持・継続は個人の尊重という要請にもとづいて、あらゆる個人について公権力に課せられる責務である。この点で、法が求めている普遍性基準を充たすといえるだろう。ただし、そのためにどういった関係性がどのように維持・継続されるべきかは、さらなる検討を要する。実定法上すでに規定されている親子など、扶養義務あるいは保護責任を負う者と負われる者の関係等であれば比較的わかりやすいものの、生殖補助技術等の利用による親子関係の形成に関する問題も浮上している。特定の関係性をどのように認めるかについてはいっそうの検討を要し、裁判実務上、法政策上の検討事項である。(10)

法的普遍性の有無は、すでに述べたように、正しさを基底とした平等原則が適用可能か否かを規準とする。この規準に則り、特定の関係性が認められる場合、当該関係性内にある者（上述の典型例等）にはおのおのはたすべき役割、すなわち個人の尊重に資する保護育成の提供とそれを担い、保護育成を受ける者がそれを受けられるためにする役割をはたす責務がある。また、公権力にはそれらの責務を当該関係性内の者がはたし、受けられるだけの制度設計（そして当該責務をはたせないときには、はたすための支援あるいは代替する手立てを講ずることを含む）をする責務が課されると考えられる。なおこれは、リベラリズム法学における公私区分に接続している。

特定の関係性が認められる場合に、当該関係性内にある者に課される責務は、まさに関係性の権利の中核をなし、その検討こそ、本書の取り組む課題の中心である。したがってここではその特徴を捉える視角を得ることとする。

2　特定の関係性のなかにおける責務——積極義務／消極義務

本書が着目する特定の関係性下における責務の特徴としての片務的負担を検討するに際して、完全・不完全の別を参照することは理解の助けとなるだろう。完全義務・不完全義務の区別は倫理学上の概念である。正義の要求を完全義務、慈善の要請を不完全義務とする枠組みのもとで、伝統的に倫理学の議論は構築されてきた(11)。これが二〇世紀後半から現代にいたり、伝統的には不完全義務に位置づけられてきた義務の実践（具体的には社会福祉制度を考えてみよ）が正義の要求にもとづく公権力がはたすべき義務へと展開されてきたことは、特に現代正義論の文脈においてもよく認識されている。

これに対して、本書がその典型とする親子等にみられる特定の関係性を基盤とする権利・義務の問題は、近代法体系内に古くから位置づけられ、完全義務として承認されている。一方、それについて正義の要求にもとづく検討がなされてきたかといえば、十分とは言いがたい。

本書はここに着目する。伝統的な完全義務・不完全義務の整理にしたがえば、親が子を養育することを典型とする片務的負担を内在する関係性のなかの権利は、普遍性規準を充たす、すなわち「完全」に分類されるとは言いがたい。にもかかわらずこの権利は、親権、扶養義務に代表されるように、既存の近代法体系内に制度として組み込まれてきた。この点をふまえて、この権利に内在する「負担」の位置づけを検討することが必要である。

従来の法的議論で論じられる義務概念は原則として、消極的な概念とされてきた。義務は、単に自由の不在にとどまらず人の自由を奪い、特定の行為を課すことにつながりうるため、自由や基本的権利一般への尊重を基礎とする正義の要求に耐えて、なお人を拘束する義務は基本的には消極義務、すなわち他者の自由を侵害しないことを旨とする「〜しない義務（してはならない）」を指すという理解である。他方、積極義務は、道徳の領域において「人間的友愛や慈悲」に応える義務概念と位置づけられてきた。友愛や慈悲の精神に則って他者に手をさしのべることを念頭においたこの義務概念は、友愛や慈悲の精神をもった人と、その精神が発揮されうる状況という偶然性に左右される。

消極義務と完全義務とを法的議論の範疇で結びつけ、積極義務と不完全義務とを道徳的議論の範疇で結びつける伝統的な思考方法については後に検討する（第五章）。ここで先取りしていえば、法的議論においても、正義要求に応える積極義務がありうるのであり、これは完全義務と不完全義務とを架橋する義務と位置づけられる（「特別積極義務」と称する）。この「特別積極義務」の意味するところは次のとおりである。ある特定の法的関係内において、構成員がその関係性内に負う義務の重要な特性は、片務性である。この義務概念は必ずしも、法の普遍性基準を充たしているようにはみえないかもしれない。しかしながらその実、当該関係性がある特定の関係であるかぎりにおいては、その構成員には等しく当該の義務が課され、法の普遍性基準を充たすことになる。この特性はまさに、本書で論じる規範的概念としての「関係性のなかの権利」が内包する片務的負担の特性である。

以上のことをふまえて、本書を進めていくにあたっての基本理解とその方針をまとめよう。

「への権利」「による権利」の基底におかれる「関係性のなかの権利」は、一定の関係性を維持・継続するための片務的負担（＝特別積極義務）を内包する権利概念である。したがって親権・扶養義務のごとく、契約関係にない関係内においてさえ、相手方に対してなんらかの片務的義務が認められ、その不履行に対して伴う責任は法的に追及されうる。本書は、従来、正義論として十分には検討されてこなかった「関係性のなかの権利」――「片務的負担（特別積極義務）」を内包する――について、法哲学上の問題として検討するものである。
以上の本書における基本理解とその方針には、即座に疑問や懸念が生じるところであろう。よく想定される批判について、応えておきたい。

四　批判と応答

ところで、特定の関係性の維持・継続を前提とするとしても、場合によってはみずから望んだわけでもなく、ある一定の関係のなかに埋め込まれてしまっていることも十分に考えられる。「関係性のなかの権利」に、自発的に当該片務的負担を負うことを意図していないにもかかわらず、負わなければならない負担が内在するという主張には、異論もありえよう。

ここでは批判のなかでも、「関係性のなかの権利」に最も正面から批判する立場について述べる。つまり、このような負担を内在する「関係性のなかの権利」という理解自体が、そもそも近代法の基本原理である自由な社会を掘り崩し、不正義を生み出すことになりはしないか、という批判を取り上げる。

この立場からの第一の批判は、選択の余地なく一定の関係性のなかに入ってしまっている人に課される片務的負担は当人には思いがけない負担であり、それゆえ当人にとって不公正であるという、直観に整合する批判である(12)。この立場は、「関係性」が存在しているとしても、その事実からなんらかの負担が発生するのではなく、負担を課すには自発的意思がなくてはならないとする。これはヴォランタリストの立場とされる。ヴォランタリストの主張は、従来の自由意思尊重の枠組みに沿った主張といえる。

この批判に対しては次のように応答することができるだろう。自由の制約については、内在的制約といわないまでも、たとえば「危害原理」といった制約が現に課されている。本人の意思とは独立に、なんらかの負担を課すことそれ自体を自由な社会は否定しておらず、ヴォランタリストもまたこれ自体を否定しないはずである、と。あるいはまた、私たちは「他者の目」という社会的価値に影響を受けてしまう存在なのだから、自発意思のみに根拠をおく主張は受け入れがたい。つまり自由意思にもとづく選択の方が、社会的価値に影響を及ぼすのだという応答もありうる。

しかしながら、私たちが受け取れる情報にも能力にも限界があり、私たちが社会的関係の網の目のなかで生活していることは事実である。無論この事実を規範によってくつがえす可能性があるかもしれないが、はたしてそうすべきかどうか、はなはだ疑問である。そもそも私たちは選択の余地なく社会的関係に巻き込まれ、そのなかで社会的に私的に歴史を負い、そこから否が応でも影響を受ける。家族などはその最たる例だろう。このこと自体、ヴォランタリズムによっては否定できない。ヴォランタリストが主張できることは、だからといって私たちは社会的コントロールの下に完全に服すわけではない、ということにとどまるのである(13)。

第二の批判は、分配上の異論（distributive objection）の立場からの批判である(14)。ある特定の関係性のなかで構成員がほかの構成員に対してある特定の負担を負うことは、関係性のなかにある人に便益を与えることを不公正にも優先する義務としており、同時に、関係性の外にある人には不公正にも便益を与えないことになる、と。

例を挙げてみよう。ある重篤な疾患を抱える患者家族会は、その構成員間でさまざまな情報共有をおこなっている。あるとき、当該疾患にかかわる新たな社会生活上の情報を構成員が取得し、この情報が患者会内部で共有された。当該疾患の患者である構成員Aがこの情報を知り、同じく構成員であるBにこの重要な情報を伝えた。この情報は非常に有益な情報で、Bはこの情報を得たことにより、社会生活上の便益を得ることができた。ところでAは、近隣に住んでいて同じ疾患を抱える非構成員Cにはその情報を伝えなかった。その結果、Cはその情報に伴う便益を得ることができず、知っていれば生じなかったであろう重大な不利益を被ることとなった。このように、この疾患の患者にとって明らかに有益な情報であり、知らなければ時に重大な帰結を生みかねない情報を伝えるべきかどうかという場合である。

このとき、AがCに伝えずBにのみ伝えたことは、AB間に特定の関係性があるということのみを理由としている。その特定の関係性が、関係性外にいる第三者Cに対して公正ならざる、時に重大な不利益をも被らせることとなり、それを正当化する理由が、はたしてAB間の特定の関係性に特別の価値があるからということに依拠することになりはしないか、が問われることになる。端的にいえば、誰に義務をはたすべきかの基準が、公正さではなく、関係性の有無に依拠することになるのである。これは、関係性外の第三者を当然に含む社会のなかにあっては、便益と負担の配分に、公正さの物差しが入る余地を失わせることになる。

この批判に対しては以下のように答えよう。構成員が対内的に負担すべき特定の関係性の存在は、当該関係性に一定の価値をおくだけの〈もっともな理由（good reason）〉があるかぎりで認められているのだ、と。[15] もちろん、この〈もっともな理由〉が本当にもっともなのかどうかと疑うことは可能である。しかし、便益負担配分の立場からの批判が〈もっともな理由〉への懐疑を主張するならば、便益負担の公正さという場合の「公正さ」までも懐疑の対象となりうるだろう。

関係性の権利論も、便益負担が公正な分配となるべきことを否定しているわけではない。むしろ〈もっともな理由〉の追究は、特定の関係性の存在を単なる事実問題としてではなく、どのような関係性が、近代法のもとで維持・継続すべき関係性であるのかを問いかける契機としても機能しうると考えられるのである。

五　規範的関係論を構想するにあたって――本書の構成

以上のような観点にもとづいて本書は構成される。

本構想において、個人の尊重を考えるうえでの基点を、出生と死という「生の両端」におく。そこから法理論を構想することが筆者の主張である。加えて、従前の法理論上の思考方法に新たな視角を与える可能性があるとすれば、第一に、以下の点をあげることになろう。本書補論で論じるとおり、本構想では、従前の法理論がすでに内包してきたこと、そしてまた社会の実践のなかで機能していることの再検討を試みる。これまでそれらを論じる法的な言葉が十分にはなく、説明がなされないままになってきたように見えることがらに少しでも光を当てるべきである、またその必要性がまさに眼前にあるという理解にもとづき、論じるものである。

本書においては常に、理論と実践との相互交通を念頭においた論述をおこなう。理論と実践とのあいだで相互の反照をおこなう際には、規範理論上の義務と実践的な帰結とのあいだで、ただバランスをとることにはとどまらない必要があるだろう。私たちはあらかじめ、社会のあらゆることを知ることはできない（知識の不完全性）なかで、ものごとについて、こうあるべきだと判断し行動する。事実と規範とのあいだには、どこかに断絶がありながらもしかし、常に実践的帰結とあるべき思考とのあいだの接続を模索することが、法哲学的思考においては求められるものと考える[16]。

こうした理解から、第一章は、喫緊の制度設計上の課題をはらむ出生前検査という実践的課題に取り組み、本構想が具体的にどのような思考と主張に接続しうるのかを示したい。生の起点としての生殖について、高度に私的でありかつ公共的な問題として位置づけたうえで、どのように個人を尊重することができるのか、私的な関係を取り結ぶ局面に立つ者としての課題と、生殖に対する公権力の関与（支援と介入）のあり方という課題とを接続するという視角を提供する。

第二章と第三章は、一対をなす内容となる。本書が構想する「関係性の権利」という考え方を基軸とする規範的関係論は、リベラリズム法学の範疇に位置づけられる。しかし従前のリベラリズム法学に対してはさまざまな批判もある。なかでも特に意義ある批判としてケアの正義論があげられる。ケアの正義論は、自律的個人が個人であるためのその前提となる、ケアしケアされる関係性を維持しこれを最良のものとすべきであるというケアの倫理を、規範理論として構築しようとする主張である[17]。このケアの正義論からの批判を、二つの観点から検討していく。まず第二章では、ケア関係の構造の確認と評価を試みる。ケア関係は、ケアの正義論が依拠するケアの倫理がその核心を支えており、リベラリズム法学が依拠する正義の倫理はそれをあらかじめ排除する構造を有していると批判される。しかしその批判の意義は積極的に評価しつつ、一方で個人の尊重の観点から、ケア関係を基軸とする規範理論の困難を指摘する。次に第三章では、法的主体という観点にもとづいて、ケアの正義論とリベラリズム法学とを対比的に論じる。ケアの正義論における関係的な主体という捉え方の意義は認められる一方で、経験的事実にもとづく脆弱な主体を当該関係的な主体の基礎にすることによる規範理論上の困難があるのである。同時に、リベラリズムの主体の構成方法（抽象化という擬制）がもつ意義と困難を検討し、個人の尊重にむけた法的主体理解の可能性を論じる。

つづく第四章は、本構想の着想の基礎をなす「関係性の権利論」を展開したマーサ・ミノウの議論の骨格となる論点を取り上げる。つまり、従前のリベラリズム法学において取り扱いの難しい個々人間の差異と、リベラリズム法学を支える平等の理念とのあいだに生じるジレンマを示し、このジレンマを生み出す暗黙の五つの想定を明示する。ミノウが論じる「関係性の権利」のアプローチを支える正義の原理は家族法分野に最も現われ、このありようは近代法体系の再考を可能にする、との視角を獲得するにいたる。

第五章では規範的関係の基盤となる、特別（特定）の関係性のなかに認められるべき片務的負担という特性について論じる。ここでは、親子関係、介護関係といった相互に非対等な関係性に着目する。そのような関係性の内部に措定される、相互に対等ないわゆる契約的合意では説明のつかない、非対等なおのおのに独立の互酬的（片務的）な負担について、従前の積極・消極義務、完全・不完全義務の整理を見直す契機を得る。

以上を論じることを通じて、終章においては先の互酬的（片務的）負担を「関係性の権利」を基盤とする規範的関係の理論構想として発展的に提示した。

議論が行きつ戻りつし、重複が多いことは否めない。また本節冒頭に示すとおり、従前の法理論が内包し、前提としてきたこととも考えられ（そうであればこそ、現行法制度内に規定が存在する）、斬新な主張とは言いがたいのかもしれない。しかし、言葉の尽くされない部分が、本書でいくらか言及する、生と死という生の両端領域にかかる課題――そしてそれは医薬科学技術を伴う医療と、その制度設計にかかる課題である――に取り組むにあたり、大きな課題として立ちはだかっていることもまた、否めない。こうした実践的な状況を念頭において、本書は論じている。なお、講演の機会を得た際の内容を補論として加えた。講演にはあらかじめ一定のテーマが与えられていたが、終章にいたるまでの本書全体を内包するかたちで論じた内容であるため、補論とした。

注

（1）「関係性」概念創出の起点として、Carol Gilligan, *In a Different Voice: Psychological Theory and Women's Development*, Harvard University Press, 1982（岩男寿美子監訳『もうひとつの声——男女の道徳観のちがいと女性のアイデンティティ』（川島書店、一九八六）、川本隆史・山辺恵理子・米典子訳『もうひとつの声で　心理学の理論とケアの倫理』（風行社、二〇二二））、Milton Mayeroff, *On Caring*, Harper & Row, 1971（田村真・向野宣之訳『ケアの本質——生きることの意味』ゆみる出版、一九八七）。

（2）関係性の概念を法理論へと導入した代表的文献としてMartha Minow, *Making All the Difference: Inclusion, Exclusion and the American Law*, Cornell University Press, 1990がある。日本で先がけて関係性の概念を法的に論じた研究として、髙井裕之「憲法における人間像の予備的一考察　アメリカにおけるfeminine jurisprudenceを手がかりに（一）（二）（三）（四）」『産大法学』二三巻四号（一九九〇）四四一—四五七頁、二四巻三・四号（一九九一）三五一—三六六頁、二五巻三・四号（一九九二）四七三—四九五頁、二六巻三・四号（一九九三）二九九—三二八頁を参照。

（3）関係性概念に対する法（哲）学的検討の先行研究として、井上達夫「『生と死の法理』シンポジウム・コメント」日本法哲学会編『「生と死の法理」法哲学会年報一九九三』（有斐閣、一九九四）一〇五—一〇八頁、同「天皇制を問う視角——民主主義の限界とリベラリズム」井上・桂木・名和田『共生への冒険』（毎日新聞社、一九九二）三六—一二一頁、大江洋『関係的権利——子どもの権利から権利の再構成へ』（勁草書房、二〇〇四）、小久見祥恵「差異と平等――マーサ・ミノウの理論を手がかりに」『同志社法学』第五六巻一号（二〇〇四）七九―一二二頁。

（4）高橋文彦「判例と普遍化可能性――先例の拘束力に関する研究ノート」『西南学院大学法学論集』二六巻四号（一九九四）一一〇―八九頁。

（5）この事例の場合、現行法手続き上、親権喪失および親権停止については、子、その親族、未成年後見人、未成年後見監督人または検察官、また児童相談所長が請求をすることができる（民法第八三四条、同第八三四条の二、児童福祉法第三三条の七）。

（6）ただし、近代契約法の原理にもとづけば、継続的契約関係は契約終了で関係が終了するにもかかわらず、以後の継続性をはかろうとする場合も検討しているので、位置づけには注意が必要である。しかし、あくまでも契約の問題としては、主張するだけの権利があるのかないのかを争点とするため、「への権利」とは一線を画すべきである。

（7）マーサ・ミノウはまさにこの立場から関係性の権利論を主張したと考えられ、そのほかの関係性の権利論を主張する立場の多くもこの立場に与するように思われる。

（8）近代法における権利の観念化の特徴は、ここに示されるように思われる。川島武宜『所有権法の理論』（岩波書店、一九四九）第一章―第三章を参照。

（9）優生思想を許容する体制下においては、特定の親密な関係者として認めるか否かについて公権力による指標が提示されていた。対して今日、生殖が高度に私的な問題であると同時に、公的な問題であると位置づけられることの意味については、進展する生殖補助技術利用の展開とともに、検討に付される課題である。野崎亜紀子「生殖の規律における自己決定の現在地」『法律時報』九六巻四号（二〇二四）三七―四三頁を参照。

（10）横田光平「子ども法の基本構造と憲法上の親の権利」『法律時報』九〇（九）（二〇一八）一一六―一二一頁を参照。

（11）完全義務・不完全義務について系統的に取り組み、文献的整理をおこなった労作として、Millard Schumaker, *Sharing without Reckoning*, Wilfrid Laurier University Press, 1992（加藤尚武・松川俊夫訳『愛と正義の構造——倫理の人間的基盤』（晃洋書房、二〇〇一））を参照。なお、本著作の原題「見返りなき共有」とは、本書が論じる片務的負担の特徴を捉えるうえで重要な契機となった。

（12） Samuel Scheffler, Relationships and Responsibilities, *Boundaries and Allegiances: Problems of Justice and Responsibility in Liberal Thought*, chapter 6, Oxford University Press, 2001, originally published in *Philosophy & Public Affairs*, Vol. 26. No. 3 (Summer, 1997): 189-205.

（13） *Ibid.*, 106-107.

（14） *Ibid.*, 107-108.

（15） *Ibid.*, 108.

（16） この思考と方法は、嶋津格による「開かれた帰結主義」の考え方に負う。嶋津格「第二三節　開かれた帰結主義」同『問いとしての〈正しさ〉　法哲学の挑戦』（NTT出版、二〇一一）三一一—三一八頁を参照。

（17） 前掲注（1）に示す諸論、なかでもギリガンの議論はケアの倫理の端緒であり、これを正義論として構想しようとする立場として、Eva Feder Kittay, *Love's Labor: Essays on Women, Equality, and Dependency*, New York: Routledge, 1999（岡野八代・牟田和江監訳『愛の労働あるいは依存とケアの正義論　新装版』（生活書院、二〇二三））。またケアの倫理論のはじまりから今にいたるまでの議論と、さらには民主主義のあり方を捉えなおす構想を提示する議論として、岡野八代『ケアの倫理　フェミニズムの政治思想』（岩波新書、二〇二四）。

第一章 〈個人の尊重〉と〈他者の承認〉
――出生前検査から考える

一 生のはじまりを基点とする

医科学技術の進展に伴い、人間の生の両端をとりまく社会状況は大きな動きを見せている。一方で終末期医療のあり方が問われ、またこの社会がどのようにこの医療を受容するかについても検討が進んでいる。他方で生殖をめぐる医科学技術の利用もまた、注目を浴びている。いわゆる生殖補助技術によって子どもを得る一環として、胎児や胚の遺伝学的検査技術と機器の開発も著しく進んだ。

社会を構成するさまざまな個人を、「個人として尊重する」という社会の構想は、現代社会のあるべき姿を考えるうえで起点となる価値観である。社会を維持・継続する一端を担う法（近代法）は、この価値観を前提としている。その法を支える法理論もまたしかりである。

法理論において個人として等しく尊重が要請されるときに想定される個人は、いわゆる実存在としての個人ではなく、抽象化された「あるべき個人」としての個人、すなわち法的に想定される規範的個人である。個人を尊重する社会を構想する際、あるべき社会を構成する基礎単位としての個人像をめぐり、さまざまな議論・討議がおこなわれてきた。この問題は、近代法を支える「イズム」としてのリベラリズムが採用する個人像理解への批判を手はじめに、前世紀後半以来今日にいたるまで、コミュニタリアニズム、プラグマティズム、フェミニズム、そして特に本書が着目し、また後述するエヴァ・フェダー・キテイらを論者とするケアの正義論などによって、「あるべき規範理論とは何か」として問われつづけてきた。本章もまたこうした議論のなかに位置づけられる。

人間関係内の〈依存〉の概念を軸に規範理論を構成しようとするケアの正義論において、主体のはじまりの瞬間である出生をめぐる胎児との関係の問題は、どのように捉えうるのだろうか。「人は皆、ある母親の子どもである」(1)というフレーズは象徴的である。脆弱な存在とのあいだのケア関係をその基盤として議論を構想するケアの正義論は、出生をめぐる問題について、示唆を与えうる議論であるのか。本章では、本書がリベラリズムとしての規範的関係論のプロジェクトを展開するときに不可欠となる有意義な批判的議論としてケアの正義論に着目し、実りある議論を展開するための問題提起をしたい。

本書は、法的主体となる地点、すなわち生の開始時点に焦点をあて、ここから法理論を考えようとするプロジェクトに取り組む。生の両端は、人間の主体性を考えるうえで困難を抱える領域である。個人をいつから法的主体とみなすのか、いつまでを法的主体とみなすのか。生の両端にある者は、事実として、意思表示が困難または不可能であり、あるいは意思を有すること自体が疑わしいこともある。法理論がその基礎単位として想定する個人〈像〉は、いわゆる実存在の個人とは一線を画した抽象化されたあるべき個人である。とはいえいわゆる実存在の個人について、この社会でどのように具体的な（法的）問題が生じているのかという問題と切り離して、法理論を構想することはできまい。元来法は、この現実社会の規律を担うという役割の一端を担っているのだから。

どこからを法的主体とみなし、どこまでを法的主体とみなすのかという問いに対して、法は〈どのように〉線を引くかというよりもむしろ、〈どこかで〉線を引くことをその役割としている（成人年齢を考えてみよ）。そうであればこそ、その線引きの場である生の両端領域で生じる、法の主体のあり方にかかわる具体的な問題に目をむけ、そこでどのような問題が、どのように生じ、その何が問題であるのかについて思考し検討することは、法が〈どこかで〉線を引くことの意味を明らかにすることと連結している。

法的主体の問題を考えると、生の両端領域の問題は、時に例外的に、あるいは周縁の問題として位置づけられがちであるのだが、この領域をこそ法理論を検討する基点としようとする意図は、ここにある。

上述の理解にもとづき、本章では生のはじまりの部分に生じている問題である、生殖補助技術の利用によって子どもをもうけようとする際に妊娠女性が受診する出生前検査（診断）にかかわる局面、とりわけ非侵襲型遺伝学検査（Non-Invasive Prenatal genetic Testing; ＮＩＰＴ）の利用の局面に焦点をあてる。なおここで取り上げる問いは、必ずしもＮＩＰＴに特化した問いではなく、出生前検査全般に共通する問いである。しかし特にＮＩＰＴについては、その利用の簡便さと精度の高さ（この場合の精度という語のもつ意味については、次節でやや詳しく論じるように注意が必要となる）と、この検査にとどまらない各種出生前検査のマス・スクリーニング化の動向[2]に鑑みて、課題として設定した[3]。

このＮＩＰＴにより染色体異常の可能性が示されると、人工妊娠中絶をおこなう割合が高いことが報告されている。(4) こうした現状を省みるならば、当該検査の受診によって、カップルはその子ども（胎児）を自分の家族として承認するかどうか、すなわち出産を経て家族として関係性を構築する相手となる存在（線のこちら側の仲間）として当該の胎児を承認するかどうかの線引きをおこなっているということもできる。線のこちら側にあれば、その胎児は主体となるのであり、線のこちら側にないとなれば、その胎児を主体と認めないことになる。すなわち、線のこちら側の者は主体であるのだから、私と同じだけの自由な主体として尊重の対象であり、そして線のあちら側は私と同じだけの自由な主体としての尊重の対象ではない。仮になんらか一定の配慮の対象であるとしても。

この考え方は、近代法における人・物二分法を背景とする。このような人・物二分法理解は、現実の認識や思考とのあいだに、時に大きなズレを生み出す。検討が進む〈正義論としてのケアの理論〉は、このズレを指摘すると同時に、このズレを生み出す社会構造、またその社会構造を結論として支えつづけるリベラリズムを批判する。ケアの理論は、ケア関係の維持・継続を要請する理論である。しかしいま新たな出生前検査が私たちの社会に導入されると、関係を形成する相手であると承認するかどうかの線を引くこと、すなわち誰を尊重と配慮の対象として主体性をもたせるかの判断は、妊娠し、検査を受けた者たちがおこない、それら個別の者たちに委ねられているようにみえる。

本章は、ＮＩＰＴといった新技術の社会導入が、この社会を構成する構成員をどのように生み出すのかにかかる公の制度設計に接続していること、そしてそれが抱える課題を指摘する。さらにこの線引き問題が生じる場である生のはじまりの領域における、ケアの倫理と個人の尊重原理とのあいだの、古く新しい視角と思考の対立点、および両者の有する視角の異同の提起を試みる。これをおこなうにあたり、議論の契機となるＮＩＰＴの概要と現状を概略し（第二節）、法的思考が基調とする〈個人の尊重〉原理のあり方（第三節）と、その現代的展開を示すとともに（第四節）、他者を尊重することを出発点とする個人の尊重原理（そしてそれは必ずしも個人の自己決定権の行使にとどまらない）のあり方（第五節）について検討する。

二　非侵襲型遺伝学的出生前検査の導入

二〇一一年一〇月、米国の検査会社が開発した新たな出生前検査が商品化され、米国内で導入された。[5] この検査は、妊娠一〇週目以降の妊娠女性の血液を調べることによって、胎児の第一三番目の染色体異常（13トリソミー）、第一八番目の染色体異常（18トリソミー）、そして第二一番目の染色体異常（21トリソミー。一般にダウン症候群と称される）の有無を検出する。当該検査は、通常の血液検査程度のわずかな分量の血液を妊娠女性から採取することによって実施が可能となり、ＮＩＰＴとよばれた。妊娠女性の血液に含まれるＤＮＡの断片には妊娠女性自身のものとは別に、胎児由来のＤＮＡの断片がおよそ一〇％程度含まれている。これらの検査では妊娠女性の血液に含まれるすべてのＤＮＡの断片を集め、おのおのどの染色体に由来するかを特定し、特定の染色体由来のＤＮＡの断片の質量を測定することによって異常がある場合とない場合とのわずかな差を検知し、胎児について当該染色体異常の有無を判定する。

なお、二〇二三年現在のＮＩＰＴで検査対象となる上記三疾患の特徴は、以下のとおりである。[6]

13トリソミー（パトー症候群）：第一三番染色体の過剰を原因とするもので、前脳、顔面中央部、眼の発育異常、重度の精神遅滞、および出生時低身長で構成される。患児の大部分（八〇％）は症状が重いために生後一カ月を前に死亡し、一年以上生存できるのは一〇％未満である。

18トリソミー（エドワード症候群）：第一八番染色体の過剰を原因とするもので、通常は精神遅滞、出生時低身長、および多くの発育異常（例：重度の小頭、後頭部突出、耳介低位および変形、つまんだような特徴的顔貌）で構成される。半数以上は生後一週間以内に死亡し、生後一年まで生存する児は一〇％未満である。生存した場合も著明な発達の遅延と能力障害がみられる。特異的な治療法はない。

21トリソミー（ダウン症候群）：第二一番染色体の異常の一つであり、精神遅滞、小頭、低身長、特徴的顔貌を引き起こす。診断は身体的異常と発達異常から示唆され、核型分析によって確定される。治療は個々の症状および奇形に依存する。
＊なおダウン症候群については、他の二疾患と異なり、死亡年齢の中央値は四九歳とされ、五〇歳代、六〇歳代まで生存する例も多い、と記されている。

二〇一二年八月末、わが国でもこの検査を臨床研究として導入予定の一部機関（研究者グループ「ＮＩＰＴコンソーシアム」(7)のメンバーが属する機関）があると報道され、わずかな血液採取による検査という手法の簡便さのみならず、検査結果の精度の高さが強調されることにより、社会の注目を浴びた(8)。

検査を受ける対象は、染色体異常を生ずる可能性が高いとされる、おもに三五歳以上の妊娠女性が想定され

表1　検査の精度に関して

妊婦の年齢（歳）	検査時期にダウン症の児を妊娠している確率（%）	陽性的中率（%）	陰性的中率（%）
30	1/470	67.8	99.99
35	1/185	84.3	99.99
40	1/50	95.3	99.98
44	1/15	98.6	99.94

「母体血を用いた新しい出生前遺伝学的検査　兵庫県での受信のご案内」より
(http://nipt.hyogo.jp/ 新型出生前診断とは /)

ていた。検査結果の精度については妊娠女性の年齢に依存し、陰性的中率（異常なし（negative）とされた場合、本当に当該胎児にその染色体異常がない確率）は九九パーセントを超えるが、他方、陽性的中率（異常あり（positive）とされた場合、本当に当該胎児にその染色体異常がある確率）については、妊娠女性の年齢によりばらつきがあることが明らかにされた（表1）。当初の九九パーセントという高い検査精度をめぐる報道は、陰性的中率を陽性的中率と誤解していたことが明らかになっている。この技術の受容について検討するための前提となる事実レベルの情報が錯綜したのである。(9)

二〇一二年秋にもＮＩＰＴの導入を予定する医療機関があるとの状況を受け、いち早く日本産科婦人科学会は、声明「新たな手法を用いた出生前遺伝学的検査について」を発表し（二〇一二年九月一日）、ＮＩＰＴを慎重に取り扱う必要性について言及した。そのうえで既存の「出生前に行われる検査および診断に関する見解」を補足し、ＮＩＰＴに対応した自主基準作りに着手したことを明らかにした。

これに加えて日本ダウン症協会をはじめとする、いくつかの障がい者団体、女性団体等からのＮＩＰＴ臨床研究導入への懸念の表明などを受け、ＮＩＰＴコンソーシアムによる臨床研究の実施は、当初予定より半年を経た二〇一三年四月に開始された。開始に先んじて日本産科婦人科学会理事会は、「母体血を用いた新しい出生前遺伝学的検査」指針を策定し（二〇一三年三月）、さらに日本医師会、日本医学会、日本産科婦人科学会、日本産婦人科医会、日本人類遺伝学会の五団体共同によって、共同声明「母体血を用いた新しい出生前遺伝学的検査」が出された。結論として、ＮＩＰＴ臨床研究は医師団体らによる共同統制のもとにおかれ、「母体血を用いた新しい出生前遺伝学的検査」指針にもとづき、臨床研究として認定された施設でのみ実施されることになったのである。

結果として「無侵襲的出生前遺伝学的検査後の妊娠帰結や児の状況を継続的に把握して解析すること」を目的とする多施設共同の臨床研究「無侵襲的出生前遺伝学的検査である母体血中 cell-free DNA 胎児染色体検査の遺伝カウンセリングに関する研究」として、わが国ではＮＩＰＴが開始された[10]。なお、本臨床研究の課題として少なくとも研究開始当初は、ＮＩＰＴの検査精度等についての研究ではなく、ＮＩＰＴ実施に際しての環境にかかる問題、より具体的には当事者に対する遺伝カウンセリングのあり方とその制度設計について検討することが課題であったという点については、留意しておかなければならない。以下に当初の課題を示しておく[11]。

〈本臨床研究における課題〉

(1)検査を適切に運用するための遺伝カウンセリングの基礎資料（検査実態、施設基準、カウンセリング内容など）を作成する。

(2)適切な遺伝カウンセリングの下で検査が行われる体制を整備する。

(3)検査の適応や施設条件など一定のコンセンサス（原則の共有）のもとで各施設が検査する。

当初一五施設ではじまった本臨床研究は、二〇二一年三月までの臨床研究期間中、最終的には一〇八施設が認定され、受検者数は一〇万人を超えた。この間、各種新聞およびメディアの報道は継続し、受検者数、陽性判定者数、羊水検査数、人工妊娠中絶数、各地域における実施状況等の経過情報が社会に広く流通した。(12)

NIPTという検査手法とその臨床研究としての実施状況をふまえて、この新たな出生前検査技術が周産期医療に導入されようとする局面を契機として、私たちの社会はいつ、誰を、どのようにして法的主体とし、またそれはどのような意味をもつのかという問題に取り組むことにする。

三　法の主体

人はいつ、法的に主体となるのか。わが国の民法によれば、人は出生によって権利主体となる。

民法第三条　私権の享有は、出生に始まる。

出生の瞬間をいつとみなすかについてはいくらかの対立があるが、人は出生によって権利を有するものとされる。ただし胎児については、たとえば次に示す規定があることからも、一定の場合（妊娠中の母が交通事故に遭い胎児期に障がいを負う、あるいは胎児期に親が死亡した際の相続問題等）には、生まれたものとみなす場合がある。

民法第七二一条　胎児は、損害賠償の請求権については、既に生まれたものとみなす。

同第八八六条　胎児は、相続については、既に生まれたものとみなす。

2　前項の規定は、胎児が死体で生まれたときは、適用しない。

「法の主体をどのような存在に認めるか」という問題の重要性をめぐっては、現にこの社会で通用している実定法上の問題として、「法的効果をいかに確定すべきか」という個人個人の生活にとってきわめて重要で複雑な法解釈上の問題がある。しかしここではこうした論点ではなく、法がはたすべき役割である、「法的な主体とそうでないもの（＝客体、すなわち物）とのあいだの線引き」がはらむ、新たな医科学技術によって生み出される問題とはなんであるかを捉えようとする視角から論じる。すなわち、ＮＩＰＴという新たな科学技術の開発にもとづく検査法の導入によって、その線引きが、個人、特に妊娠・出産（またそれゆえに子を養育するうえで一定の大きな役割の期待される）を担うことを社会が期待してしまっている妊娠女性に委ねられ、一定の判断が下されることの意味を問おうというのである。

本章冒頭で述べたように、近代法の核となる特性の一つは、〈個人の尊重（respect of individuals）〉である。近代のはじまりは、個人という概念の発見／発明にあるといってもよい。近代法を支える「イズム」としてのリベラリズムにおいては基本的に、この〈個人の尊重〉を「当事者の意思を尊重することである」と位置づけてきた。そしてまたこの核としての〈個人の尊重〉の仕方とその理解（おもに自己決定の尊重としての個人の尊重理解）については長らく、いくつかの立場から批判の的ともされてきた。

リベラリズムは、社会の基盤を個人の自由においている。もちろん、近代社会以前から、人と人とがともに生活を営むようになった社会の成立とともに、人は人どうし、さまざまな交渉ごとを（たとえば土地や家畜をめぐって）おこない、問題を解決してきた。近代以前に個人という概念、また個人の自由な意思にもとづく活動がなかったはずはない。ここで問題としているのはそうした私人間の問題ではない。対国家との関係で、個人個人におのおのの人生があり、国家はその一つ一つを支える個人の自由を尊重する責務を有するという考え方のもとでの〈個人の尊重〉を問題としている。

対国家との関係上、リベラリズムは、個人の社会活動において、国家からその生のあり方についての干渉を受けることなく、自立／自律して判断し行動することのできる個人を「あるべき個人」として想定する。しかし現実には、このように存在することのできる者ばかりではないし（障がいのある者や病者や被介護者と彼彼女らをケアする者はもとより、家事を支える妻とその活動を前提として社会生活を送る夫、育児を主に担う母とその母に依存する子等を考えてみよ）、むしろそのような自律的個人は現実的にはごく限定された存在であるのかもしれない。そしてもちろん、そのこと自体は、リベラリズムに与する多くの理論家もまた承知している。そのうえで、リベラリズムは個人としてのあるべき像としてこのような個人を擬制し、その実現を目指した社会構造の構築にむけたさまざまな制度設計をおこない、自立／自律した個人が相互にそのような個人として尊重される社会を構想する社会変革プロジェクトなのである。

しかしながら、この社会変革プロジェクトに対しては、構造的な欠陥が指摘されている。規範理論の構想を進めるケアの倫理からの批判に、その典型を見ることができよう。

リベラリズムにもとづく社会変革プロジェクトを遂行する際に基底におかれる個人像は、自由意思をもち、それを実践することができる主体である。しかし、人間は生まれもってそのような自律的個人ではありえない。人はそのはじまりにおいて、事実として依存する存在なのであり、依存する者・依存される者としての関係性という領域、すなわち私的領域のなかで、みずからの生のあり方を構想する。その営みが途切れることはない。しかし、リベラリズムにおいて尊重されるべきとされる個人像は、こうした地に足の着いたレベルの、依存する／依存される個人から切り離された「あるべき像」をこそ、その基盤とする。すなわち、リベラリズムは、依存する／依存される個人を、社会構想のなかからあらかじめ排除してしまっているという批判である。この点を突き詰めれば、特に家事の大半を担う妻とそれを前提として社会生活を送る夫、子の育児の大半を担う母とその母に依存する子、介護や支援を必要とする病者や高齢者等の介護を担う者とその介護のもとで生活を送る被介護者等、これらの存在はリベラリズムが構想する自由な社会の主体として存在し、尊重されるべき個人として存在することを、はじめから困難にしてしまいかねない。

このような理解にもとづくリベラリズム批判を承けて、いまあらためて、近代法を支える規範理論のあり方が再吟味されている。

四 〈個人の尊重〉の意義

近代法原則のもとで、どのように〈個人の尊重〉を図るべきか。まずもってこれは、個人の自己決定という手法を採用することとされてきた。個人を尊重するためには、個人がそのうちにもっている意思にもとづく自身の生き方についての決定、すなわち自己決定を尊重する必要がある。個人とはすなわち、他者とは異なる自分自身の生をもち、それゆえ自分自身の生き方についてみずから考え行動する、そういった存在を意味するからである。(13)したがって近代法がその基盤に価値理念である〈個人の尊重〉をおいている以上、自己決定を権利として尊重し、保障しなければならない。

しかしこの近代法上の主たる価値基盤である〈個人の尊重〉は、自己決定を権利として尊重することのみによって保障されるべきであるのか。このとき、どのような制度を要請すべきであるのかについて、さらなる検討の余地がありえよう。前節の批判的議論にとどまらず、リベラリズム内部においても、〈個人の尊重〉のために用いられる制度としての自己決定権の尊重のあり方に対しては、あらためて検討する必要性が議論されつつある。

社会のなかで自由な法的主体が生を営むにあたって生ずる権利義務関係の構築と実践は、他者という法的主体をみずからと同じく自由な法的主体として認める（承認する）ことを必要とする。社会生活を営むうえで、個人が個人として社会のなかで自由な法的主体を構成し、生を営むに際しては、等しく自由な主体である他者の存在を看過することはできない。私がなんらかの権利行使をするということはすなわち、なんらかの影響を他者に与えることになる、そしてまた逆もしかりである。法的主体である個人の「権利」行使が、はたして他方当事者を私と等しく自由な主体として尊重する権利義務関係を構築できるかどうか、が問われるのである。

〈個人の尊重〉とは、代替不能な存在として、国家が個人を承認することであり、そしてこのことはあらゆる個人に当てはまる。個人をそのように承認することとは、私と同様に他者にもまた、私と等しい尊重と配慮とがあまねく保障されるべきことを意味する。個人を個人として承認することは、その権利行使をおこなう当事者に対し、ただちに他者を他者として承認することを当事者に要請し、それが実行可能となる制度構築が国家には要請される。ここに、普遍的正義としての〈個人の尊重〉の意義がある。

五　NIPTによって問われる問い——他者の承認

1　人工妊娠中絶をめぐる議論

他者の承認については、これまでにもさまざまな位相で論じられてきた。ここでは法のもとにおける他者の承認問題という視点で論じる。ことさらに法の下におけるとしたことには、次のような意図がある。すなわち、何か特別に配慮すべき存在や、何か特別に自律的な存在について語るのでなく、あまねく等しい権利の主体である個人という、法的主体のあり方の問題を考える。

ここでの文脈に即していえば、この社会は、誰を、どのように、私（たち）と同じく尊重と配慮の対象として承認し、よって尊重と配慮に値するものとするのかという視角から考えよう、というのである。

ここで具体的に取り組む問題をあらためて提示しておこう。

NIPTという新たな出生前検査技術が周産期医療に導入されようとする局面を契機として、私たちの社会はいつ、誰を、どのようにして法的主体とし、その前提となる他者を他者として承認しようとしているのか。

先に述べたとおり、NIPTは、出生前に胎児が特定の疾患をもつか否かを確認する非侵襲型の検査である。[14] NIPTや確定的検査としての羊水検査等を経て、当事者である妊娠女性（とそのパートナー）は、妊娠を継続するか否かについての決定を下す局面に立たされる。場合によっては、人工妊娠中絶をおこなうという決定を下す場合もある。

もちろんわが国の法制度上、胎児の健康状態のみを理由とする人工妊娠中絶は違法とされる（刑法第二一二―二一六条、母体保護法第一四条）。人工妊娠中絶数は年々減少しているとしても、なお一二万件超の人工妊娠中絶件数がある（統計上の人工妊娠中絶の最大件数は一九五五年の一一七万一四三件。一九五三―一九六一年は一〇〇万件を超える状態がつづいたが、以後減少）わが国において、胎児の健康状態を一因とした中絶が実施されていることは想像にかたくない。[15]

臨床研究の結果によれば、先述のとおりNIPTの結果にもとづき、染色体異常の21トリソミー（ダウン症候群）確定診断者一〇三四名中八六・九％にあたる八九九名が人工妊娠中絶を実施している。[16]

こうした状況下で、特に染色体異常等の胎児の健康状態が明らかになれば、当事者である妊娠女性（とそのパートナー）に委ねられる決定には、妊娠の継続の有無も含まれる。「妊娠を継続するかどうか、ゆっくりよく考えてください」、と。

この問いかけは、しばしば出生前検査を受診する妊娠女性・当事者に対して発せられる。妊娠・出産とは女性の身体的統合にかかわる問題であり、かつ高度に私的な問題であり、しかしまた同時に、国家による統計調査が公表されていることからも明らかなように、国家を支える人口管理という観点からはきわめて公的な特性を有する問題である。公性・私性の両方の特性を抱える生殖問題について、妊娠女性・当事者に対して発せられる「妊娠を継続するかどうか、ゆっくりよく考えてください」という問いは、何を誰に問う問いであるのか。単純化の誹りを免れないがあえてまとめるならば、第一に、妊娠女性に対してみずからの身体の扱いについての自己決定を要請し、第二に、当事者である妊娠女性とパートナーに対してどのような家族を形成するかの決定を要請している。

このとき国家は、少なくともこれらの生殖補助技術に伴う検査に対し法規制をもたない現状にあっては、「どうすべきか」という当事者らの判断に対して、特別な介入をおこなうべきでないと考えられている。なぜなら、どのような家族を構想しかたちづくるかという問題は、高度に私的な内容を含んでおり、その内容に関する決定問題は、高度の倫理性をはらんでいるからである。そしてこの問題の高度な倫理性に鑑み、どのような家族を良い家族とするかについては国家がことさらにその判断に介入すべきではなく、当該家族の問題とされるべきである、と考えられるのである。

したがってどのような判断を下すかについては（わが国の法制が許容するかぎりにおいて）当事者らの意思、とりわけみずからの身体の統合性にかかわる妊娠女性の意思に委ねること、すなわち自己決定に委ねることとし、事実上、それよりさかのぼって当該の決定の中身についての正当性の追求をしない（できない）ことにしてきた。そしてこれが、近代法を支えるリベラリズムの要請とこれまで考えてきたのである。

こうした理解を前提として、本書が取り組む「生のはじまり」で用いられる出生前検査とりわけＮＩＰＴの利用についてまとめよう。すなわちＮＩＰＴは、

①原則として染色体異常等が胎児に生ずる可能性（リスク）が高いとされる妊娠女性らを対象とし（妊娠すれば全妊娠女性が受検するという意味でのマス・スクリーニングではない）、
②必然的にみずからの妊娠・出産に際して胎児の健康状態に対する関心の高い妊娠女性が受検し、
③受検には、子どもをもちたいという希望と、胎児の健康状態、さらには今後の家族生活に対するさまざまな問題という葛藤を生む可能性がもともとある。

ＮＩＰＴの受検に内在する上記特徴への理解が不十分なままに、現状においては、受検の結果に妊娠女性らは向き合う。陽性（染色体異常の可能性が一定以上である）判定を受けて以降、なぜ妊娠している自分の子について産むか産まないかが問われ、なぜ産まないと決定するのか、あるいはまた産むと決定するのかが問われ、その問いに自ら決定を下すことが求められることになる。こうした思いのなかで決断を迫られることには、さまざまな疑問や苦悩があることが指摘される[17]。

このような疑問や苦悩を生じさせている問いとはたして、何を問う問いであるというのか。この問いは長らく、選択的人工妊娠中絶についての議論として問われつづけてきた。前世紀においては、ジョン・ロックを始祖とする身体の所有権論を理論的基礎とし、女性にその決定権があるとするプロチョイス[18]と、生まれくる胎児もまた人間に等しい尊重と配慮が与えられるべき生命権を有するとするプロライフによる二項対立となり、理論的、運動的に先鋭的な対立構図が示された[19]。この権利の対立構造にもとづく問題理解はその後、批判にさらされることとなる。モラル・ステイタスの立場から乗り越えようとする法哲学的議論――権利主体でなくともなんらかの特別な価値ある存在として、それを聖なる価値（sacred value）をもつものとしての尊重と配慮の対象とする――もまた有力に提示された[20]。しかしながらこの二項対立構造への批判は、「『胎児』を『権利主体』として語るか『権利主体の所有物』として語るか、いずれかしか語り得ない『従来の法律用語』そのものへの強い疑問[21]」への応答には及ばず、議論の理論的決着はつかずに今日にいたっている。

2 〈個人の尊重〉の観点から考える

この問いが何を問うているのかについて、あらためて本書の中心となる視角、すなわち〈個人の尊重〉のために要請されると考えられてきた自己決定権に先在する他者の承認という観点から考えてみよう。

ＮＩＰＴを受検すること、そしてその結果を受けて人工妊娠中絶をするや否やの判断をすることは、はたして自己決定の問題であるのか、胎児の生命権の問題であるのか、あるいは胎児になんらか一定の利益主体性を見出し、権利主体とはいえないまでも私たちの社会が大事だと信ずる価値群を構成する存在として位置づけようとしているのか。法哲学者ロナルド・ドゥオーキンが論じるように、プロライフはもとより、プロチョイスの立場もまた、人工妊娠中絶を望ましい決断だというわけではない。その決断が後々まで決定者である妊娠女性、そしてかつて妊娠女性だった者を苦しめる。もちろん「私」と結びつきのある、望んだ大事な存在である胎児（わが子）を中絶してしまったということへの苦しみもあろう。しかしながらむしろ、そうした決定をしなければならない状況にある・あったということとそれ自体への理不尽さ、さらに、理不尽であると主張することができないことが大きな困難であると考えられる。

これはしばしば、出生前検査を受検した妊娠女性とそのパートナーが「産むか産まないか、なぜそんなことを問われなければならないのだろう」と発することと結びついている[22]。そして、その状況下で下した決定は、何が問われたのであり、何を判断したものであるのかを、（形式的には、母体保護法上許容される経済的理由等の諸理由が示されるとしても[23]）当事者はもとより、私たちの社会は明らかにしていない。明らかなのはただ、胎児を自身と最も結びつきの深い、支え・支えられるケアの対象者として向き合う他者として承認するのかどうか、より単純にいえば、自身にとって大事な近い存在として、配慮と尊重の対象となる他者であると認めるかどうかの決断を迫られた、という事実への困惑ではないのか。

この点について、現状で明示的、具体的にどのように対応すべきかを議論するための情報は、十分ではない。この問題の繊細さからか、ごく断片的にしか決定時の様子は明らかになっていないのである[24]。したがってここでは、この局面でどのように対処すべきかという事実を語る前に、この現状を取り囲む社会環境とともに現状をどのように理解し、そこからどのように規範理論上の問いを立てることができるかという観点から、この問いが何を問うているのかの検討を進めたい。

3　他者の承認：承認される他者

まず胎児の法的位置づけを確認しておく。胎児は、出生していないのであるから法的権利主体ではない。もちろん、人と人でない者とのあいだの線引きについては、そのどこかに線を引くことは法の役割であるが、何かの根本的な原理（たとえば憲法）から必然的に正解が得られはしない。社会が決めることである。少なくとも現在のわが国においては、出生前の存在は法的権利の主体ではなく、生まれて数秒であるとしても出生した者は法的権利の主体であるということにしている。

この線引きの位置を考えなおすことは不可能ではないが、どこかで線引きをしなければならないとき、出生しているか否かという時点での線引きには、一定の合理性があると考えられる。したがって（暫定的にではあるが）この枠組みのなかでは、胎児に法的な意味での生命権を権利の主体として認めることは困難である。

胎児自身が権利の主体でないとすれば、妊娠女性が胎児の健康状態を調べ、その結果として妊娠を継続する、または中絶するという判断を下すという選択の権限は、胎児以外の者のもとにおかれることになる。このとき妊娠女性には、胎児を、「私」の胎内にあって「私」に依存する、最も近しい他者であることを承認するか否かが問われている。

ここで想起すべきことはかつて、法的主体として尊重の対象になるか否かの判断は、優生思想という「イズム」をその背景とした法制度である国民優生法および優生保護法等にもとづいて国家に委ねられていた、ということである。今日その判断は、主として妊娠女性と、そのパートナーという当事者に委ねられた。これは、国家が個人の生のあり方に介入すべきではないという近代法原則にもとづく姿勢である。そしてまたこうした、承認をしなければならない状況は、とりわけ「生のはじまり」の場における医科学技術の開発によって強化されている。

つまり私たちは、この社会を誰と構成するのかの決定を、そのはじまりの場にみずからの身体をもって立つ者、すなわち妊娠女性に委ねていることを意味する。(25) たしかに、そこに国家による強制はないし、また医療機関等においても当事者らの意思決定を尊重する環境はありえよう。しかし、ＮＩＰＴ等の出生前検査技術は、特定の染色体異常等の疾患を胎児が有するか否かを明らかにすることに用いられる。そうした技術が生殖医療の場に組み込まれ、導入され活用されているという状態を標準状況（変更されることのないデフォルト値）とし、そこで当該の胎児を、最も近しい他者として承認するかどうか、すなわち他者承認の判断が問われる。そこには一定の方向性への誘因が前提として組み込まれているとみてとることができるのである。もちろんその誘因を断る判断を排除するものではないが、それゆえに巧妙でもある(26)。

六　生のはじまりと法

近代法制を支えるリベラリズムの基盤にある〈個人の尊重〉は、それに先在して、自身と等しい配慮の対象である他者としての承認要請を経る必要があると述べた。そしてその他者を他者として最初に承認する機会の一つとして、生殖補助技術の利用や、ＮＩＰＴという出生前検査の場があることを本章では示した。他者の承認は、国家によることなく、当事者の、とりわけその体内に胎児を抱く妊娠女性に委ねられている。〈個人の尊重〉原理を発動させるその出発点である〈他者の承認〉は、ここにはじまる。個人に最も近しい他者として特定された存在であり、脆弱で、ケアを要する存在を、あらゆる個人同様に配慮の対象とすべき他者として承認するか否かが、「妊娠を継続するかどうか、ゆっくりよく考えてください」という問いのもとで発せられている。妊娠女性らがこうした決断をする立場に立つこと／立たされることが抱える問題については、より実体的な調査検討を要する。明らかなことは、胎児の特性（染色体の変異）という事実を、胎児を向き合うべき他者として承認するかどうかを決定する要因とする、それを可能にする技術を（時に率先して）利用する立場に、妊娠女性らは立っている／立たされているという事実である。ここに、相反するはずの〈個人の尊重〉原理と優生思想との共存の契機を見てとることもできよう(27)。

脆弱な存在とのあいだにケア関係を構築することを規範的に要請するケアの正義論は、このような胎児を前にして、脆弱な存在である他者として承認するのかどうか、またそれはどのように正当化しうるのか、という問いに対峙しなければなるまい。個人の尊重を基盤とするリベラリズムもまた、このような胎児にいかに向き合うべきかという規範的問いに応答しなければならない。ケアの倫理論は、ケアという事実をリベラルな主体がその背景としながら、リベラリズムからそれが排除され忘却されてきたことを指摘してきたのである。

生殖補助技術の利用と法（制度）のあり方の問題は、「生のはじまり」にかかわる法理論上の主体のはじまりの問題を、私たちの社会に提示している。この他者への承認問題について、どのような問いを立て、また立てられた問いに応答をするのか。この社会を支える規範理論の構想は、ここからはじまるのである。

注

（1）序章、前掲注（17）、Kittay, 特に chap. 6 参照。なお訳語は修正をしている。訳語の修正を含めて、ケアの倫理およびケアの倫理論を基軸とするケアの正義論がもちうる法哲学上の意義については、池田弘乃『ケアへの法哲学　フェミニズム法理論との対話』（ナカニシヤ出版、二〇二二）から多くを学んだ。

（2）この場合のマス・スクリーニングとは、胎児について、特定の疾患（NIPTについては、一三、一八、二一番目の染色体異常）の発見を目的として、不特定多数の妊娠女性を対象におこなう検査をいう。NIPT以外の出生前検査（母体血清マーカー検査、超音波検査、母体年齢等による検査）等のマス・スクリーニング化は、英仏米諸国で進められ、法整備等の体制整備がおこなわれている。増﨑英明「出生前診断をめぐる諸問題」『産婦人科治

療』一〇一巻五号（二〇一〇）四四九―四五六頁。

（3）ＮＩＰＴは臨床研究を経て、実臨床への導入にむけた制度設計が試みられた。新たな制度体制に向けた状況等に関しては、拙稿「無侵襲的遺伝学的出生前検査（ＮＩＰＴ）への規律のあり方を考えるために」『京都薬科大学紀要』一巻一号（二〇二〇）四七―五七頁を参照。

（4）後述する二〇一三年に始まる臨床研究の結果、21トリソミー（ダウン症候群）の確定診断を受けた後、人工妊娠中絶をした割合は、八六・九％とされる（二〇二一年八月時点）。

（5）シーケノム社によって開発、商品化された（商品名Maternity21）。

（6）Merck & Co., Inc., Kenilworth, N. J., U. S. A., *Merck Manuals*（2010）による。

（7）ＮＩＰＴコンソーシアムとは、「ＮＩＰＴを国内で施行するに当たり、適切な遺伝カウンセリング体制に基づいて検査実施するための、遺伝学的出生前診断に精通した専門家（産婦人科、小児科、遺伝カウンセラー）の自主的組織」である。http://nipt.jp/nipt_02.html#nipt04（ウェブサイト終了）

（8）「妊婦の血液でダウン症99％診断　来月にも国内で導入」（二〇一二年八月二八日付読売新聞朝刊一面）。

（9）ただし、他の非確定的な出生前診断検査技術（超音波検査と母体血清マーカー試験）と比較すれば、ＮＩＰＴは高精度であるとの調査研究がある。Norton ME, Jacobsson B., Cell-free DNA analysis for noninvasive examination of tiresome, *New England Journal of Med.* 2015 Apr 23; 372 (17): 1589-97.

（10）報道がなされてから臨床研究が開始されるまでの動向については、松原洋子「日本における新型出生前検査（ＮＩＰＴ）のガバナンス――臨床研究開始まで」小門穂・吉田一史美・松原洋子編『(生存学研究センター報告)生殖をめぐる技術と倫理――日本・ヨーロッパの視座から』二二号（二〇一四）六九―八五頁。

（11）ＮＩＰＴコンソーシアムウェブサイト内、http://www.nipt.jp/rinsyo_01.html（ウェブサイト終了）。なお本臨床研究はその後「母体血中 cell-free DNA を用いた無侵襲的出生前遺伝学的検査の臨床研究」へとその名称が変更された。

（12）一例として「新型出生前診断　３万人受診　臨床研究３年間　陽性確定３９４人中絶」（朝日新聞二〇一六年

七月一七日朝刊一社会面）。本記事では、「陽性と判定されたうち89人は羊水検査を受けず、その多くは死産だとみられる。89人の中の13人は研究から離脱し、人工妊娠中絶を選択したケースが含まれるとみられる」とあり、確定診断を受けることなく人工妊娠中絶が選択されたケースについて報道されている。

（13）柳父章『翻訳語成立事情』（岩波書店、一九八二）、二三―四二頁。

（14）なお、検査判定の技術の開発・臨床応用化は進み、すべての常染色体について、部分的な重複と欠失、およびすべての染色体の異数性について、検査可能であるとされる（二〇一六年四月に開催された国際人類遺伝学会（京都）での報告等）。

（15）日本産婦人科学会によって定義される高年妊娠の年齢は三五歳以上の初産であり、わが国では二〇一一年に第一子出産の平均年齢が三〇歳を超え、以降この状況は継続している。令和四年（二〇二二）人口動態統計（確定数）の概況内、「第４表　母の年齢（５歳階級）・出生順位別にみた出生数」、https://www.mhlw.go.jp/toukei/saikin/hw/jinkou/kakutei22/dl/08_h4.pdf）より。

高年妊娠・出産が抱える問題点としては、そもそも生殖補助技術を利用しても妊娠率が低い、流産率が高い、さまざまな産科異常（子宮筋腫等の妊娠前からある異常、妊娠高血圧症候群、妊娠糖尿病などの妊娠中の異常、分娩時の異常として分娩誘発や陣痛促進剤の使用を要する分娩や帝王切開のほか、分娩時出血、低体重児等の出生、そして染色体異常頻度）が高率となることなどが挙げられる。

（16）出生前検査認証制度等運営委員会ウェブサイト内、「ＮＩＰＴを受けた10万人の妊婦さんの追跡調査」を参照（https://jams-prenatal.jp/testing/nipt/follow-up-survey/）。

（17）たとえば、ＮＨＫ『クローズアップ現代＋　新型出生前検査　導入から１年――命をめぐる決断　どう支えるか』（二〇一四年四月二八日放送）。

（18）エンゲルハートによって主張された「パーソン」論においては、胎児は権利の主体とは認められない。Engelhardt, Hugo, Triatram, *The Foundation of Bioethics*, Oxford University Press, 1986（加藤尚武・飯田亘之監訳『バイオエシックスの基礎付け』（朝日出版社、一九八九））. 他方ジュディス・Ｊ・トムソンは、仮に胎児に生命権があるとしても、みずからの身体を過度の危険にさらしてまで胎児の生命を救う義務を妊娠女性に対し法的に義務づけることはできないとして、胎児の生命を救う女性の義務を否定する。Thomson, J. J. 1971, A Defense of Abortion, *Philosophy and Public Affairs*, 1 (1), Princeton UP（塚原久美訳「妊娠中絶の擁護」江口聡監訳『妊娠中絶の生命倫理：哲学者たちは何を議論したか』（勁草書房、二〇一一）.

（19）両対立をめぐる議論の整理、および実態としての対立状況については、荻野美穂『中絶論争とアメリカ社会』（岩波書店、二〇〇一）に詳しい。

（20）R. Dworkin, *Life's Dominion: An Argument About Abortion, Euthanasia, and Individual Freedom*, New York: Alfred A. Knopf, 1993（水谷英夫・小島妙子訳『ライフズ・ドミニオン――中絶と尊厳死そして個人の自由』（信山社、一九九八）.

（21）江原由美子「第九章　生命・生殖技術・自己決定権」同編『生殖技術とジェンダー』（勁草書房、一九九六）三三六頁。なお同書には、人工妊娠中絶をめぐる代表的論争（法哲学者井上達夫と社会学者加藤秀一の論争）が収められている。あわせて、序章、前掲注（9）、野崎（二〇二四）を参照。

（22）ＮＨＫスペシャル「出生前診断　そのとき夫婦は」（二〇一二年九月一六日放送）は、ＮＩＰＴ導入にむけた動きがあるなかで作成・放映された番組。当事者の声としてこの言葉が発せられた。

（23）母体保護法に示される人工妊娠中絶が許容される条件としては、同法第一四条に示されるとおりである。

母体保護法第一四条　都道府県の区域を単位として設立された公益社団法人たる医師会の指定する医師（以下「指定医師」という。）は、次の各号の一に該当する者に対して、本人及び配偶者の同意を得て、人工妊娠中絶を行うことができる。

一　妊娠の継続又は分娩が身体的又は経済的理由により母体の健康を著しく害するおそれのあるもの

二　暴行若しくは脅迫によつて又は抵抗若しくは拒絶することができない間に姦淫されて妊娠したもの

2　前項の同意は、配偶者が知れないとき若しくはその意思を表示することができないとき又は妊娠後に配偶者がなくなつたときには本人の同意だけで足りる。

（24）柘植あづみ・菅野摂子・石黒眞里『妊娠――あなたの妊娠と出生前検査の経験をおしえてください』（洛北出版、二〇〇九）は、この状況下にあった当事者三七五名へのアンケートと二六名へのインタビューによって構成される貴重かつ希少な研究である。

（25）優生思想の歴史と、現代の医科学技術の進展とともにある新たな優生思想については、特に、米本昌平・橳島次郎・松原洋子・市野川容孝『優生学と人間社会』（講談社、二〇〇〇）を参照。なお、内なる優生思想については多くの文献があるが、特にこの思想に焦点をあて、その歴史的経緯を整理した研究として、森岡次郎「「内なる優生思想」という問題――「青い芝の会」の思想を中心に」『大阪大学教育学年報』一一（二〇〇六）、一九―三三頁。本研究のなかで内なる優生思想は、次のように説明される。「優生学の問題を、国家や権力による強制や制度上の不備といった、いわゆる「ハード」の問題ではなく、私たち一人一人が持つ、「障がいはない方がよい」「自分の子どもには健常者として産まれてきて欲しい」といった優生学的欲望、すなわち「ソフト」の問題として捉え、健常者が持つ優生学的な心性」。

（26）個人の自由な意思を尊重し、その国家による介入をすることなく、しかし同時に望ましい政策目標の実現へと向かう技法として、昨今注目を浴びる議論として、リバタリアン・パターナリズム（LP）がある。LPについては、その議論の全容が現時点において必ずしも明らかではなく、論争的な議論である。Cass R. Sunstein and Richard Thaler, Libertarian Paternalism Is Not an Oxymoron, *The University of Chicago Law Review* Vol. 70, No. 4 (Autumn, 2003), pp. 1159-1202, Richard H. Thaler and Cass R. Sunstein, *Nudge: Improving Decisions About Health, Wealth, and Happiness* (Revised and Expanded Edition), Penguin Books（遠藤真美訳『実践行動経済学――健康、富、幸福への聡明な選択』（日経BP社、二〇〇九））. なおここまでのLPの議論の動向と、法理論上の問題の整理とその展開については、那須耕介「リバタリアン・パターナリズムとその一〇年」『社会システム研究19号』（二〇一六）一―三五頁を参照。

（27）〈個人の尊重〉原理と優生思想との共存、さらに言えば相補関係については、以下で論じた。序章、前掲注（9）、野崎（二〇二四）。

第二章　ケアの倫理と関係性

——ケア関係を構築するもの

一　ケアの倫理に対峙する

現在の近代法秩序を支える思考としてのリベラリズムに対する異論が、さまざまな領域から提示されている。第一章でも触れたとおり特にその存在感を増している議論として、ケアの倫理を基盤に規範理論としての正義論を構想する理論（以下、ケアの正義論と称する）からの異論が挙げられる。

ケアの倫理は、ミルトン・メイヤロフ、キャロル・ギリガンらの議論をその端緒とし、近時は現代の社会秩序を規律する規範理論としての構想が試みられている。ケアの倫理の特徴は、特定の個人間における個別の関係性、すなわちケアする者とケアされる者とのあいだに構築されている関係に価値を見出す点にある。まさにこの点で、自律した個人を前提とし、個々人間の関係の特定性・個別性にではなく、抽象化することによって相互に対等・独立の個人間の関係性を築き、そのなかで自律した個人を尊重することを社会秩序の規律の基礎と考えるリベラリズムとは、思考の基点が異なっている。特に、ケアの倫理が社会秩序・社会制度を規整する規範理論を志向するとなれば、リベラリズムが採用する道徳的判断基準としての正義の視点、すなわち正義の倫理と、ケアの正義論が採用する道徳的判断基準としてのケアの視点、すなわちケアの倫理との異同が問われることになろう。両者は必ずしも対立構造にあるとは言いがたいが、なお両者の異同を明らかにすることは、現代社会の秩序、その安定を維持する法のあり方、法の理論を考えるに際して、重要な要請である。

本章は、リベラリズムに対抗する議論の基盤としてのケアの倫理に着目し、ケアの倫理が価値を見出す〈特定の個人間にみられる個別のケアする者とケアされる者との関係性〉を、近代法秩序を支える規範概念として位置づけることができるかについて、批判的に検討していく。ケアの正義論は、端的にいえば、ある特定の関係者間に見出される関係性を〈ケア関係〉と位置づけ、「その維持に努めよ」というケアの倫理にもとづく社会理論である。ケアの倫理においては維持に努めるべきケア関係と、DVや虐待など維持に努めるべきではない関係とは区別される。このとき、両者はどのようなものさしによって区別されるのか。ケアの倫理内在的に、このものさしは導出されうるのか。さらに、ケアの倫理でいうところのケア関係は、社会秩序を構成する制度を支える規範理論上の概念としての関係性たりうるのか。筆者の疑問はここにある。

関係ないし関係性という言葉は、二つ以上のものごと相互のかかわり合い一般を指し、その意味は多義的である。ケアの正義論をリベラリズムとは異なる規範理論として提示するにあたっては、〈関係性〉が鍵概念とされる。ケアの正義論研究においては、自律した相互に対等の個人というリベラリズムが想定する、社会を構成する基本的な主体の設定への批判、また、リベラリズムのもとで構想される正義の理論を生み出し支える基盤に対する哲学史的批判が提出される。加えてそのもとで構想される正義の理論が、リベラリズム社会で維持される秩序を支える人々の活動とその存在を正当に扱わず、また扱いえないという実践問題を挙げて批判する。これらの文脈のなかで、〈関係性〉という語が鍵概念として論じられてきた。しかしながらその内部において、〈関係性〉概念の規範的意味についての検討が十分にはたされているとはいえない。

以上の理解にもとづき、以下、第二節ではリベラリズム批判の文脈で、ケアの倫理が想定する個人像である〈依存する脆弱な個人〉が、リベラリズムを生み出した土壌のなかではいかに想定困難であるのかについて、前提となる議論を整理する。第二節をうけて、第三節ではリベラリズムにおける正義の倫理とケアの倫理の位置関係について、三つの類型（代替・補完・統合）で整理する。つづく第四節では、ケアの倫理によるリベラリズム批判の観点から、ケアの倫理において価値あるとされるケア関係の特性を明らかにする。第五節は、ケアの倫理において価値の見出される（規範的に保護の対象とされるべき）特定の関係性について、価値の有無を知る手立て（ものさし）は何かという観点から、ケアの倫理における関係性のあり方について検討する。

これらの検討をふまえ、ケアの倫理がみずからを規範理論として構想するにあたり、規範的事実とするケア関係の論じ方、および規範理論としてのケアの正義論における〈関係性〉がいかに位置づけられているのかを示したい。

二　〈依存〉をめぐる問題領域

ケアの倫理の台頭には諸相ある。たとえば、子どもや高齢親、病者に対するケアなど、事実としてのケア労働を担っている当事者に対して、ケア当事者の立場には直接立っていない他の人々と等しい尊重と配慮がなされていないことの指摘がある。また、ケア提供者の多くが事実として女性であることに伴うフェミニズムからの議論もある。さらには、これらの現状に伴う批判とともに、このような社会の基本構造を支える規範理論としてのリベラルな正義論への批判が存在する。

わが国はもとより他諸国においても、ケアする者の多くは女性であり、女性がケア労働を担ってきた(1)。この状況をうけて、ケアが女性という性と結びつけられてきてしまった。また、ケアする者とケアされる者との結びつきは、当事者相互によって発せられる自由な意思表明によらないがために、そこにどのような問題が生じているのか、またそこに問題があること自体を把捉することが既存の規範理論では困難であることなどが指摘される。

こうした指摘がなされることによって、私たちの社会のなかには、相互の自由意思にもとづく結びつきとは異なる（したがって自由意思によっては離脱することの困難な）結びつきが存在し、そこに一定の問題群が存在していると、私たちは気づくことができる。こうした問題群に対して、自由な意思を行使する主体を議論の出発点におくリベラリズムは、語る言葉をはたしてもっているのだろうか。

ケアの倫理の起源をどこにみるかは諸説あるが、一九七〇年代のメイヤロフ(2)、フェミニズムをはじめとする社会科学上の理論に事後多大な影響を与えることになる一九八〇年代のギリガン(3)によって、リベラリズムの理論枠組みでは取り扱うことが困難だとされる上述の問題群が提示されている。

はじめに、本章が取り組むケアの倫理における〈ケア〉の意味するところを、この議論の端緒となったギリガンの定義によって確認する。

誰もが応答され、包摂され、誰も一人で放っておかれず、傷つけられない(4)。

ケアをめぐる議論の端緒となったギリガンが示したケアの定義は、価値がおかれている当事者間の結びつきのありようを示している。ケアする者とケアされる者がおり、誰もがケアし、ケアされる者となりうるのである。ケア関係の認められる両者は、この結びつきのなかにある当事者である。

この関係当事者をおのおの、決して一般的抽象的な個人とすることはできない。しばしば母子関係がその範型とされるように、関係当事者は、母にとってのわが子であるように、わが子にとっての母であるように、相互にとって特定の存在であり、かつ、そこに認められる相互の結びつきは、他の関係者間においても同じく認められる結びつきとは異なる(反転不可能である)(5)。ケアの倫理は、相互に特定の存在同士の特定の結びつきに価値を見出し、この特定の価値ある結びつきを、社会の基本構造を考えるうえでの出発点におくのである。

こうした基点をもつケアの倫理は今日、医療や福祉、教育現場において生じる諸々の難題に取り組むなかで、「権利としてのケア」の制度化を図ることを、実践上理論上の重要課題としている。その背後には、既存の社会秩序を支えるリベラリズムとそのもとにある正義論が、現代社会においてケアをめぐる諸領域で生じている、あるいは生じつづけてきた難題の対処・解決に対して無力であり、場合によって問題の発生を助長しているとの認識があるようにも思われる。この点をうけて、ケアの倫理と正義の倫理の関係が、問われてきたのである。[6]

ケアの倫理を規範理論として論じる理論家の一人であるフェミニズム法学者マーサ・ファインマンは、近代国家を支える基盤を神話になぞらえる。そこで基底とされる個人の自律概念が、いかに「レトリックあるいはイデオロギーとして[7]」用いられているのかを問い、社会理論を支える基盤としての自律概念の不十分ないし不適切性を明らかにしようとした。人はみな、最初から自律や自活ができる存在ではなく、社会への〈依存〉が前提となるとして、自律とは「人が社会の恩典も負担も共有できる立場になってこそ初めて可能[8]」であることを指摘し、「貧困など、不平等に由来する制約から人を解放し、あきらめずにすむ状況をもたらす概念[9]」を、本来の自律概念の意味だとする。

ケアの倫理を牽引するもう一人の存在でありその中心的役割を担う哲学者エヴァ・フェダー・キテイもまた、〈依存〉に基点をおく。[10]キテイは、この社会を構成する基盤として、既存のリベラリズムが想定する自律した個人ではなく、社会的存在としての「私」が基盤であると想定する。キテイは、〈依存〉の概念をみずからの議論の核心におく。それを「人は皆、ある母親の子どもである[11]」という語で象徴的に表現し、人間各人が抱える主体としての脆弱性（vulnerability）を表している。[12]人は事実としてはじまりにおいて必ず〈依存〉するものであり、これは回避不可能である。また社会のなかで生きていくことが困難な局面では必ず、人は何かに依存し、依存されるという関係性が生ずる。この依存からなる関係性、すなわちケア関係という不可避の事実を、既存の主たる社会理論（とりわけリベラリズム）は排除しつづけてきた。ここをふまえてキテイは、〈依存〉にはじまるケア関係を尊重するケアの倫理を正義論として構想しなければならない、とする。

キテイの議論の特徴は、「個別の特定の者どうしの〈依存〉からなる結びつき」＝「ケア関係」を、社会構成員である各個人を公平に扱う公正な社会を正当化するための根拠とする点である。このとき、ケアの倫理が、既存の近代法国家を支える社会理論（リベラリズム）とどのような違いがあるのか、相互の位置関係について慎重に検討すべきである。

自律ではなく、脆弱な主体の〈依存〉からなる関係性にはじまる社会理論を構築する要請と試みは、秩序ある社会を支える「イズム」であるリベラリズムの今とこれからを考えるうえで重要な指摘であり、喫緊の実践的課題であると同時に、重要な理論的課題といえよう。

三　ケアの倫理と正義の倫理の関係

ケアの倫理による、現代リベラリズムに内包される正義の原理に対する問題提起を理解するために、以下ではケアの倫理と正義論との位置づけを整理する。

先述のとおり、ケアの倫理は、ギリガンによって正義の倫理と対比する概念として名づけられた。ケアの倫理が採用する道徳的判断様式は、普遍的な原理にもとづいて自律した個人を公平に扱うという道徳的判断様式を採用する正義の倫理とは異なる。ケアの倫理では、特定の他者との結びつきを維持・継続することをこそ第一義的に尊重すべきであるとし、これを当該特定他者のニーズに応答することによって達成する。特定の他者との結びつきやそこにあるニーズは、特殊・文脈依存的であるため、この点で個人を一般化・抽象化することによって、各人に普遍的で公平な道徳的判断を要請するという判断手法を採用するリベラリズムにおける正義の倫理とは、一線を画しているように見える。

ケアの倫理と既存の正義の倫理との位置関係を理解するにあたっては、いくつかの指標を用いることができよう。[13] ここでは特に、ケアの倫理が社会秩序・社会制度を支える理論化への志向を強めているという理解にもとづき、ケアの倫理は正義の倫理をどのように位置づけられるのかについて、暫定的に以下の三つに分類（①代替関係、②補完関係、③統合関係）する。

①代替関係　ケアの倫理を既存の正義の倫理に代替させる立場をいう。両者は根本的に異なる原理にもとづいており、それゆえにケアの倫理の視点からはそこに不正が生じているあるいは問題が発生していると認識すること自体が、既存の正義の倫理の視点からは困難であるとする。

たとえば、ケアを必要とする者と、その者とのあいだに一定の継続的な結びつきを持つ者（ケア提供者）との関係のように、そこで取り結ばれている関係は、両当事者の自由意思によって維持継続されているのではない。相互の結びつきが自由意思にもとづく相互関係でない以上、この結びつき内で生じる問題は、自由な意思を行使することのできる個人を主体と定位する既存の正義の倫理は把握することができない。したがってそこで生じている不正（双方が抱える逃れがたい負担や、その内部に生じる権力関係など）を、解消すべき不正問題として捉えるためには、ケアの倫理の視点が正義に代替することが要請される。

社会を構成する主体は脆弱な個人にはじまるとしたうえで、公正な社会の正当化を、特定の個別の個人間によって構成される依存にもとづく関係性を維持することに求めるキテイの議論は、既存の正義の倫理ではない依存とケアの正義論を構想するという点で、ケアの倫理を優位に位置づけて既存の正義の倫理に代替させる議論であるといいうる(14)。依存・関係性の概念を規範理論上の概念として構想する同様の方向性をもった議論として、法学者である前出のマーサ・ファインマンを挙げることができよう。また後述する法学者である、関係性の権利を論じたマーサ・ミノウは、権利概念の機能の重要性を尊重しながらも、既存のリベラリズムが採用する平等概念では、人間が抱える差異を規範理論上把捉することはできず、差異を等しく保障することにこそ平等の核心があるとして平等概念を読みなおし、権利概念自体の組み替えを図ろうとする点で、この立場に分類される(15)。

②補完関係　①と同様にケアの倫理と正義の倫理とでは、尊重すべき価値群が異なる次元にあることを認める。すなわち、正義の倫理のもとにおいては、権利主体である個人は抽象的一般的な個人として措定される。当該の個人は自立・自律的であること、またそうした個人を尊重すべき個人として措定することによってこそ、等しく個人の尊重が図りうると構想する。

これに対して、ケアの倫理における主体は特定関係内において依存的であり、ケアの倫理は、この特定当事者間の個別的文脈にもとづく依存的な結びつきの維持が重要な価値であるとする。それとともに、正義の倫理における主体の措定の仕方は権利論上重要な位置づけであることを認める。

この立場は、特定関係間の結びつきを尊重するケアの倫理を構成する価値群こそ、社会の基本的価値としたうえで、社会制度の設計上、ケアの倫理と正義の倫理のいずれの視点をとるかについては問題の性質ごとに判断すべきであると考え、両倫理は相互に補完関係にあると主張する。この立場としてケアと正義との編み合わせ（meshing）の仕方を構想するヴァージニア・ヘルドの議論[16]が挙げられる。

③統合関係　ケアの倫理を正義の倫理へと統合する立場をいう。この立場として、リベラル・フェミニズムを挙げることができよう。

リベラル・フェミニズムの再構築を試みた野崎綾子は、「異なるものの平等」という平等の観念、そしてそれは「異なる人々を、その差異を縮減して均一化することによって平等を達成するのではなく、異なる人々を、その差異を残しながら（あるいは、その差異にもかかわらず）公共の領域に包含し、平等を達成しよう」という特徴をもった「アーレント的平等」を平等概念の核とすることによって、従来、正義の倫理を内包するリベラリズム法学が用いてきた平等（等しきものを等しく）を計るものさしに、一定の制約をかける[17]。これによって、男性を範型とする社会にあって、男性ではないという意味で差異ある者（女性）が過剰に担ってきたケア労働などの負担について、男性も平等に、もしくは同様に担うべきことの要請を可能にする。リベラル・フェミニズムは普遍主義的な正義倫理を破棄せずに受容するが、人々のなかにある差異と複数性の尊重を要請し、（特に性差に起因する）差異と複数性が不当に均されること、およびその違いを本質主義にもとづき固定化することの回避を指向する。

リベラル・フェミニズムの立場も一様ではないが、男女による親業の平等分担を実現可能なかたちとしながら平等概念の見直しを提唱するスーザン・オーキン[18]、またケイパビリティ・アプローチを採用するマーサ・ヌスバウム[19]も平等概念の再考を論じ、ここからフェミニズムとリベラリズムとを統合した発展型を志向する。平等概念を再定位し、個人を基礎とする正義の倫理を貫徹しようとするこの立場では、ケアの倫理はリベラリズム内部に再編されると捉えられる。

以上の三分類から、ケアの倫理におけるケア関係の特徴を捉えよう。

①代替関係と②補完関係は、ケアの倫理が正義の倫理と異なるとし、社会制度の構築を正当化する理論として両者を捉えるにあたり、前者は正義の倫理を否定し、後者はその組み合わせを検討しようとする。これに対して③統合関係は、ケアの倫理と正義の倫理のいずれにも内在する重要な概念としての平等概念の見直しを通じて、両原理の統合と展開を志向する。しかし、ここで理解すべきは、①②③いずれも、既存のリベラルな正義の倫理のみをもってしては、依存を基底とするケア関係を価値ある関係としてその内部に位置づけることは、困難ないし不可能であるとしている点である。これは、ケア関係は個々に具体的な文脈をもつ特定の個人間の特定の関係であり、正義の倫理が要請する普遍性要求には応答しないところ、ケアの倫理はそのようなケア関係自体を、社会制度を構築する理論上の基礎とすることと相関している。

同時に、ケアの倫理が価値をおくべきと捉えるケア関係は、自由意思にもとづかないことも忘れてはならない。しばしばその範型として、親子（母子）関係や、ケア労働関係等の実践が認められる。これらの関係については、負担する当事者たちに対する尊重と配慮が不十分であると認識される社会的事実があること、また、そうした関係の内部に生じる権力関係がはらむ問題があることが指摘される。そのような問題認識はどのような規範理論から生じているのかが問題となる。

このように、ケア関係は、当事者相互の自由意思にもとづかず、普遍性要求に応答しないという特徴をもつと理解されることから、二つの検討課題が生じる。

第一に、普遍性要求に応えないことは、ケア関係が個別的で文脈に依存した実践を伴う関係であるという性質から、ケア関係を正当化するうえで核心となる特徴である。しかし、その特徴は、近代法における法的思考を排除することを意味するのだろうか。

リベラル・フェミニズム（③）は、リベラリズムにおける平等概念の修正によって、ケアの倫理をリベラルな法的思考のもとで再構成するという道筋を得る。ここでリベラル・フェミニズムは平等な個人という普遍的概念を前提とし、リベラリズムにおける平等概念を組み替える。その際、当該関係性を外側から捉え、何が平等かを図るものさしを差し替えるという手法を採用する。この点で、個別具体的で文脈に依存し、自由意思にもとづかない関係にこそ価値をおくとするケア関係をいかに規範的に評価するべきかという問いに、十分に応答しているとはいえまい。

顕在化しているケア関係をめぐる諸問題を法的思考のもとで扱うには、やはりその特定の関係を構成する〈個人〉を、いかにケア関係のなかに埋没・捨象させることなく規範理論上把捉するべきか、という問いを受け止める必要があろう。この意味で、個人とケア関係との調和の道筋としては、リベラル・フェミニズムとは異なる調和のあり方について、さらなる検討を要する。そこでは、近代法における法的思考がどのようなものであるのかを、再確認しなければならない。

第二に、社会に存在する諸々の個別の結びつきのなかで、価値あるケア関係（よい依存にもとづく関係）と、価値のない関係（悪い依存にもとづく関係）は、どのように区別されうるのか。依存にもとづき、自由意思にもとづかない結びつきという関係の定義は、ケア関係について検討を加える際に、規範理論上なんらかの関係が存在することを見出す指標として一定のものさしとはなりえよう。しかし、特定相互間の結びつきのあり方が不当であるためにケア関係と認められない（したがって当該関係は、解消・改善されるべき）関係と、特定相互の結びつきに価値を見出してケア関係と認める関係（よい介護・被介護、よい未成熟子と親との関係など）とを区別する基準は、どこから導き出せるのであろうか。

価値あるケア関係が社会的に確認される不当な実践と区別して認識されるとするならば、そしてそれが直観によるのではないとするならば、その規範的基準が何であるのかを明らかにする必要がある。そして、ケア論内在的にこのものさしは導出されうるのか、が検討に付されるべきである。

この点について、代替関係（①）および補完関係（②）におけるケアの倫理は、個別的で文脈に依存するケア関係を具体的実践にもとづいて把捉するため、関係性のよし悪しを評価するものさしをケア論内在的に導出できない。これに対して、②におけるリベラリズムによる補完、また統合関係（③）における法的主体としての個人の尊重という観点からは一応、一定のものさし、すなわち個人の尊重という観点から一定の基準が提示されうると考えられよう。

ただし、ケアの倫理の核心である依存からなる個別具体的で文脈に依拠した関係性という特徴を十分にふまえる必要がある。この点につき、②③が前提とする既存のリベラリズムの思考が応答するとは考えにくい。たしかに、法的主体としての個人の尊重という観点は、関係性を構築する当事者である主体に焦点をあてるという意味で重要である。その際、個別具体的な関係性を構築する主体としての個人を、いかに規範理論上位置づけうるのか、が問題である。自己決定を主軸とする〈個人の尊重〉にとどまらない、「関係性を構築する主体としての個人を尊重する」という視座が要請されることになろう。主体に視座をおいた検討は次章でおこないたい。

四　ケア関係の意味するところ

前節に示した検討課題に取り組むにあたり、ケアの倫理におけるケア関係、すなわち価値ある関係とはどのようなものか、何を重要な価値と措定してそれを〈価値ある関係〉としているのか、を検討する。

1　依存の忘却からの脱却

ケアの倫理によるリベラリズム批判の主眼は、リベラリズムが、その基層である人間相互の依存・被依存の関係性を忘却・排除しているというところにある。経験的事実として、人はみな、出生時はもとより諸々の時点で依存関係のもとにあり、誰かに依存することで生きる。その場合の依存者はもとより、被依存者には自由な意思決定・行動をとる環境が存在しない。このとき依存する者（ケアされる者）は、みずからが依存する相手方（ケアする者）を認知し、当該ケアする者によるケアによって、自身の生活を維持し、よりよい状態にする。ケアする者は、みずからのケアを必要とするケアされる者の存在を認知し、ケアされる者の生を維持し、よりよい状態にするべくケアする。

次章でおもに論じるが、主体の問題を先取りしていえば、自由な主体としての個人が社会に存在することを可能にする基層には、依存にもとづくケア関係という不可避の事実がある。この事実を経ずして人は自由な主体として社会で活動すること自体が不可能であり、すなわち、この事実なくして他者との共生を求めるリベラリズムの主戦場である公的な領域は維持しえない。しかし、依存にもとづく特定の関係は、その個別性、具体性および特定性のゆえに、自由な個人を主体とする公的領域の論理とは相容れない。したがって、依存および依存にもとづく関係性は、リベラリズムにおける正義の倫理の範囲外におかれ、公的領域から排除・忘却されるのである。[20]

リベラリズムが採用する個人主義のもとにおいては、個人の生の基層にある依存という不可避の事実を排除することにより、自由意思にもとづかない関係を語らないですませようとし、また語ることができない。したがってケア労働をはじめとする依存にはじまる（自由意思にもとづかない）関係およびその内部や周辺に生じている諸問題を、問題として把握することが困難ないし不可能となるのである。たとえば、社会におけるケア労働の多くを女性が担っているということや、社会内において必要となるケア関係を評価し、維持・継続するための支援の不足などがそうした場面である。

2　価値の転換と実践

ところで、依存にもとづく関係を一様に理解することはできない。ケア関係に価値を認めるとしても、精神的依存やアルコールや薬物への依存（addiction）のような、支配・従属を内包する事態の場合もあるだろう。しかし、現実的にその関係およびそこで生じている状況に対して否定的・消極的な意味合いがあるとしても、その一事をもって即座に当該関係を排除・否定すべきということにはならない。[21]依存は、人間の生における不可避の事実である以上、仮に否定的・消極的な意味合いが社会的にあるように見えるとしても、である。

たとえば、重篤な疾患をもって出生した新生児について、障がいをもった子が、この社会のなかで関係性をもって生きることは、（きわめて残念なことに）容易ではないと考えられている。そうだとしても、当該児とケアする者との関係に名前を与え、その関係を維持すべき関係であることを規範的に評価することによって当該児の生を尊重することはもとより、当該関係性のよりよいあり方を構築することへと転化させることにもなりえよう(22)。

あるいは、第二波フェミニズムも例として挙げることができる。"The Personal is Political"（個人的なことは政治的なこと）というスローガンを掲げ、プライベートな関係性の内部に不当な権力関係が生じていることを糾弾せんとしたこの活動は、社会における男女間の不平等な関係があるにもかかわらず、個人的であるがゆえに特定の男性との関係上、個々の女性がみずからの立場や利益を声にできなかった状況を反転することにつながった。さらに、今日にいたるまで、女性に対する社会的な評価を転換させることに、不十分ではあるにせよ一定程度成功してきた部分もある。そのように転化すべきであるという現代の認識への転換に、フェミニズム運動は決して小さくはない役割をはたしてきた。

以上のようにケアの倫理を基盤とする活動は、特定の関係を構成することで社会的に個人としての尊重の範疇から疎外された存在を、依存の基底性という観念によって関係性の社会的評価の転換を促す社会運動の側面をも有している。この試みは、特にリベラリズムが当然視する、社会の構成単位を自由な主体としての個人とする既存の固定的な視野狭窄から、私たちを解放する契機となりうる。これによってケア関係内におけるケア労働という実践を、私的領域の活動とみなし、女性が担うことを当然視する視点に立った家族関係や看護・介護関係に対する理解を転換する。社会内のさまざまな関係のなかには、自律的な主体間で構成される以外の関係があり、それを肯定し積極的に評価することを志向しているのである、と。

なお、ケアの倫理は、同様に人と人との結びつき（共同体）に価値を見出すコミュニタリアニズムとは一線を画している[23]。コミュニタリアニズムは、一定の共有する何かをもった共同体の維持・継続にむけた活動を支える「イズム」である。これに対してケアの倫理は、必ずしもそうした何かをもち合わせない人どうしを想定し、依存を背景とする人と人との結びつきという事実にもとづいたつながりに価値づけをおこない、その維持・継続に向けた活動を支える。換言すれば、当該関係性を構成する特定の、そして他者に依存するという事実を内包する個人を、価値観等の共有を前提とせず、また一般化抽象化によって特定性を排除することもなく、他者との関係性の望ましい維持・継続を確保し、保障することを目的とする「イズム」ということになろう。

3　多様な関係性

以上のことから、ケアの倫理論におけるケア関係は、正義の倫理を内包するリベラリズムによる依存の忘却と排除、自由意思基底的な理念的個人主義に対する批判のうえに立つ。また、固定化した近代的あるいは伝統的視角からの解放による多様な関係性の獲得という要請とともにある。このようなケア関係とは、依存という不可避の事実を基点とし、依存者がよくケアされ、被依存者もまたよりよいケアを提供できるように支えられる関係性である。その関係性は、さまざまな形態によって維持・継続されるということができよう。

例を挙げるならば、重篤な障がいをもったわが子セーシャと、母としてのキテイとの関係、また、セーシャとそのケアにあたる介護者ペギーとの関係、セーシャを中心とするキテイおよびキテイ夫妻とペギーとの関係である[24]。キテイの子、セーシャには、出生時より重度の心身障がいがあった。キテイ夫妻はセーシャの幼いころより介護者ペギーを雇用し、その年月は二十年を超える。セーシャとペギーの関係は、ケアする者・される者というケア労働関係をこえて、友人、さらには双方が双方ともになくてはならない存在となっていく。さらにはペギーとキテイ夫妻との関係においても、わが子セーシャの介護についての契約関係をこえて、ペギーなくしてキテイ一家の関係が考えられないという関係を構築するにいたっている。

彼らの関係は、当初、介護という契約関係にはじまった。しかし、この関係が継続することに伴う具体的なやりとり、相互の人的つながりが構成されるなかで、比較的早い段階で、労働関係をこえた関係を構築するにいたったとされる(25)。既存の正義の倫理のもとでは、評価し、表現することの困難な「名前のない関係」である(26)。この「名前のない関係」は、互いが互いのなかに入り込み、その関係から自由意思によっては離脱することができず、その関係内においては、双方が双方に対してよいケアを維持し、それなくしては関係が維持できない、その関係である(27)。

「名前のない関係」においては、関係内の当事者はこの関係なくしてはもはや自身の生の確認(生き甲斐を得ること)は困難となり、また当事者なくしてはこの関係は存在しえない。そしてその内部にあってこそ、他の何者でもない個人を支えるよいケアが継続される。ケア論において価値ある関係として認められるケア関係とは、このような関係である。

五　ケア関係のものさし

1　リベラリズムとケア関係

これまでの検討をふまえて、あらためてケアの倫理が想定するケア関係の特性を、以下のとおりに整理・確認しよう。

ケア関係の特性

①依存を基点とする（非自立／自律的個人）

②特定の価値観に依拠しないという意味で多様性に開かれている（非伝統的・非保守的）

③自由意思によらない（非自由意思）

④特定の者同士の特定の文脈のもとにおけるつながりである（非普遍的、反転不能）

依存はケアの倫理の基点であり（①）、核心である。そのうえで、ケアを担う者（依存される者）が、ケアの必要な者（依存する者）やケア関係の当事者ではないその他の者と、平等の尊重と配慮を受けることのできる環境を、社会制度として構築するためには、②から④を正義の言葉で語ることが要請される。

この議論において想定される主体は、他者への依存とケアを要するという意味で脆弱な主体である。女性は、近代以降もリベラリズムが忘却・排除しつづけてきた事実を背景とする一定の価値観のもとで、歴史的にケアをおもに担ってきた。このような価値観によって構成される社会においては、彼女たちが声を発する存在であることは社会に知られず、また彼女たち自身もみずからの自由意思を発することができることを知らなかったのである。彼女たちは、高齢の父や母、義母や義父、子どもや障がいをもった、みずからと一定の関係を構築しているとみなされたその人とともにありつづけた。そうしてみずからの自由意思にかかわりなく一定の関係が構築されてしまっていた。そこで構築されてしまっている関係とは、抽象化されない、特定の個人（他者）どうしのあいだのつながりである。このような関係はリベラリズムも事実として前提としていたはずである。しかしながらそれは、既存のリベラリズムにおいては規範理論上の評価対象とならない〈名前のない関係〉でありつづけてきた。

このような関係のもと、ケアの必要な者（依存する者）が脆弱な者であることはもとより、ケアを担う者（依存される者）もまた脆弱な立場にある。なぜなら、リベラリズムにおいてはこのような依存を基点とする関係について公的領域で語る言葉は、おしなべて忘却・排除されてきたのであり、それゆえにそもそも、彼女たちはみずからの利益を主張する言葉をもたず、主張することができない仕組み（社会構造）になってきたのである。みずからを語る言葉をもたないということは、他者との関係のあり方の改善にむけた主張をするにしても、説得と納得を得ることができない。リベラルな社会においては決定的に弱い立場に位置することになる。結果として、ケア関係はリベラリズムのもとに位置づけられず、時にケアを担う者をリベラリズムがいっそう脆弱な存在へと追いやることに加担するかに見える。

2　関係の多様性と評価

リベラリズムでは言葉をもたないこの関係について、語る言葉としてのケア関係の概念をケアの倫理は提唱する。ケア関係とは、脆弱で他者に依存する主体を基盤とした、特定の相互関係を指す。同時に「当該ケア関係を維持せよ」ということを、社会を構成する原理として要請する。また当該ケア関係それ自体は、事実として存在するものであり、その関係を伝統や社会道徳といったなんらか一定のものさしによって一律に評価すべきではない。さまざまな関係のあり方に開かれているべきであるとされる。

すなわちケア関係とは、個別の特定当事者間に存在してしまう不可避の、また現実の事実（地の事実）を根拠とする。誰と誰とのあいだにどのような関係があり、それを維持すべきケア関係とすべきか否かは、個別の関係当事者間の関係の事実に由来している。そうした事実にもとづく個別のケア関係の維持が、社会的に要請されるべきものであり、その当事者であるケアされる者はもとより、ひいてはケアする者が社会内にある他の存在と等しい者として尊重と配慮の対象とされねばならない。

しかし、ドメスティック・バイオレンス（DV）が生じている夫婦関係や、子への虐待が生じている親子関係を想定してみれば明らかなように、ケアの倫理をもってしても当該関係の維持が要請されるとは考えにくい関係がある。こうした関係と、セーシャとペギー、あるいはセーシャ、ペギーとキテイ間にみられるケア関係とは、どのように区別されうるのであろうか。

DV当事者や虐待当事者は必ずしも強者ではない[28]。DVや虐待は、その内部に脆弱性を抱える〈弱い主体〉と身近な存在（配偶者、わが子、高齢親等）との密接な関係の内部で生じている。この関係性は密接かつ強固なものであるため、切断することがきわめて困難であるとされる。このような種類の関係性を、ケア関係とは異なるとして排除する契機は、ケアの倫理における関係性の概念それ自体からは生じない。DVや虐待が生じているという事実を評価するには、特定の関係性それ自体とは別の規範的基準が必要である。一定の共同体自体の維持・継続にむけた活動を支えるコミュニタリアニズムとは異なることから理解されるように、ケアの倫理が要請する〈関係性の維持に努めよ〉という原理は本来、関係性それ自体の維持のみを目的としないはずではないか。

〈ケア関係の維持に努めよ〉という原理にもとづく社会理論を構想するケアの倫理は、自由意思にもとづかず、かつ普遍化不可能な特定人のあいだの関係を焦点化するが、これを制度的に保障することの必要性とともに、その正当化を試みる。このことは、ケアの倫理が（そうは述べないのだが）本来的にあらゆる個人に対する尊重と配慮を要請すべきであるという価値を基底にしていることを示唆する。筆者の理解によれば、ケアの倫理の本来的な意図は、抽象的ではなく名前と顔のある特定の個人を他の何者でもない存在として尊重と配慮の対象とすることを要請し、そのうえに成り立つ関係をケア関係として認めようとすることにあるのではないか。しかし、当該関係が尊重に値するか否かのものさしは、関係が個別の事実であるゆえに、ケアの倫理内在的には事実に対する価値評価の基準の導出が困難となると考えられる。

3 「あるお母さんの子ども」であるところの〈個人〉

ケアの倫理は、事実として存在する「現存する社会的資源では満たされないニーズ」に応える試みであり、そこにケア関係を認めて〈ケア関係の維持に努めよ〉ということを原理とする社会理論・規範理論であることを志向している。(29) しかし、事実として存在する関係性自体の維持・継続を指向することは、元来「人は皆、あるお母さんの子ども」でありその関係性を構築する主体としての個人を、その関係性の内部から引き出す契機を失わせてしまうことになろう。

この契機を回復するためには、いまいちど「あるお母さんの子ども」であるところの〈個人〉に着目しなければならないのではないか。ケアの倫理において想定される、脆弱であるがゆえに発する声と言葉をもたない主体の声をいかに回復するか。これがケアの倫理の主眼であったはずである。既存の正義の倫理が支配的な社会では、事実として存在するケア関係の機能、およびケア関係を支えるニーズの顕在化にあたり、ケアの倫理の意義は重大である。

しかしそれゆえ、依存を基点に事実として存在している関係性に価値をおき、その維持に努めることを原理とする社会理論としてのケア論における関係性理解は、「人は皆、あるお母さんの子どもである」ところの個人、すなわち他の何者でもない個人を、その関係性のうちに後退させる。ひいては、解消・改善されるべきDVや虐待といった関係と、維持・継続されるべきケア関係との別を、かえって不分明なものとしてしまいかねない。すなわち、〈他の何者でもない私〉という意味における主体としての個人を、ケアの倫理内在的に把捉することを困難にしているといわざるをえない。

ひるがえってこのことは、ケアの倫理による正義の倫理批判、つまりリベラリズム批判が妥当しないことを意味しない。現代社会の現状を帰結としてみた場合、リベラリズムは「名前のない関係」を契約関係に還元してしまい、自由意思にもとづかない関係性を把捉することに失敗している。上述のケア関係を支えるべきニーズに十分に応える状況にはなっていない。これは、まさに正義の倫理を内包するリベラリズムによる抽象的な主体としての個人という想定が、脆弱で依存する個人という前提を忘却・排除したことに起因する。これに対する抵抗の論理としてのケアの倫理の重要性は、いくら強調しても強調しすぎることはない。

しかしこうした批判をふまえてもなお、なぜリベラリズムが一般的抽象的個人を理論上想定しているのか。今日の近代法の下においても、DV関係内、また虐待関係内に警察権力等が介入することの難しさは指摘されるものの、個人に対する権利侵害が認められれば、当該個人の権利を保護すべき法益として、介入は正当化される。それでは、リベラリズムにおける規範理論上の主体としての〈個人〉概念は、ケアの倫理の主張とやはり相対立するとすべきなのかどうか。

法学は人間を尊重すること（人間の尊厳）に、二つの意味を内包してきた。すなわち、人々が自分自身の善き生を追求するときに下す自己決定の尊重としての「個人の尊重」と、その自己決定を制限することをも含む抽象的原則的な宣言としての「人間の尊厳」である[30]。現代社会においてはともすると、前者の意義が強調され、また近代法を支えるリベラリズムの含意でもその意義が強調されてきた。しかしながら、はたしてそれが、本当にリベラリズムが唯一意味する個人の尊重のあり方であるのかどうか。ケアの倫理からの批判を契機として、あらためてリベラリズムにおけるケア関係の位置づけ、さらにはケア関係を構成する主体についての規範理論上の位置づけについて、さらなる検討の余地があるように思われる。

六　ケア関係と個人――他の何者でもない私

いまいちど、ケア関係をどのように理解すべきかという出発点に戻り、本章をまとめよう。

ケア関係は、規範的関係を経ていない地の事実によってその存在が人々に認識され、①依存する人を基点とし、②多様な関係性を許容し、③自由意思によらず、④特定者間のつながりという、四つの特性を有する。リベラリズムはこれらの地の事実を規範的事実に変換することができない。あるいはリベラリズムは誤った変換をおこなう。ゆえに、リベラリズムという評価軸自体を否定ないし修正し、代替もしくは補完する社会理論としてのケアの正義論が構想される。

しかし、ケアの倫理は、関係性それ自体の価値を積極的に見直すものであり、関係性をこそ社会の基本的構成単位とし、関係性に規範的価値をおく。これに伴い個人の観念は後退する。そのため、ケアの倫理は、個人を、維持・継続されるべき関係のもとで捉えることとなり、関係を構成する主体であるはずの個人を基点とする契機を、内在的にはもてないという難点をはらむ。これにより、〈脆弱さ〉を抱える個人による〈依存〉という事実を焦点化し、この関係のなかにある個人について、ケア関係の外にある（ように見える）多数の個人と同様の平等の尊重と配慮を与えようという、筆者の理解するところのケアの倫理の本来の意図の実現が阻まれる。

キテイも指摘するように、今日のリベラリズムの形成に重要な役割を担うジョン・ロールズの正義論にもとづくリベラリズムにおいても、人と人とのつながりの重要性は肯定されている。しかし、リベラリズムにおいては、自由意思をもった自律的な個人が抽象的な主体として採用される。それは個々人の生の多様性を保護するために採用された擬制（フィクション）である。

リベラリズムはたしかに、人の生き方については、他者（集団）が決定するのではなく、当事者である個人による決定を尊重する、いわゆる自己決定尊重の立場を採用する。これを実現しようとする法制度設計の核心は、〈私が他の何者でもない私であること〉を尊重すべきであるとの判断にある。背景には、社会に生きる一人一人がおのおの、自由な主体としてこの社会に存在すべきであるという価値判断がある。そのための手段として、人の生き方は、他者（集団）によって方向づけられる、あるいは強制されるのではなく、当事者が考え決断し、みずからの生を構築することにするという手法を採用したのである。

他者からの影響とは独立してみずからの生について思考し決断するといったことが、現実の経験世界における地の事実としてあるのではない。現実には、諸々のしがらみをも感じるなかで、人はさまざまな影響を受けながら物事を決めている。しかし、そのような地の事実をふまえて、リベラリズムは〈他の何者でもない私であること〉を尊重・配慮するために、地の事実をそのままに規範理論を構築するための事実とするのではなく、地の事実から規範的事実への変換（擬制）を図る。すなわち、私の生が他の何者でもない私の生であることのために、私の生のありようを他者（集団）が決定するべきではない〈個人〉という主体を設定するのである。それゆえに、個人によるみずからの生についておこなう自己決定を（それ以上正当化について遡及しえない）規範的事実とし、その決定を保護すべき正統かつ正当な決定であるとしているのであり、またそのかぎりにすぎない。

〈他の何者でもない私〉が、規範的に尊重・配慮されるためには、他者とのあいだの関係に埋没することのない主体としての一定の承認関係が要請される。その〈個人〉としての承認関係のもとに、ケア関係が規範理論上位置づけられる必要がある。

地の事実から規範的事実への変換（擬制）は、規範的思考で要請される重要な機能である。リベラリズムに想定されている自律的で抽象化された主体としての〈個人〉とは、地の事実としての〈人〉ではなく、規範的事実を構成する際に用いられる規範概念である。規範概念として個人を構想することによって、個人はほかでもない個人としてみずからの生を生きることが規範理論上正当化されるのであり、かつ個々人によるさまざまな生き方を可能にするための環境整備をすることが、規範的に要請されるのである。

たしかに、今日のリベラリズムが、現代の社会秩序においてケア関係をおよそ十分には位置づけられていない点については、その変換機能が十分にはたされていない、あるいは誤変換をしているという批判は免れえない。

問題は、リベラリズムが採用する規範的思考において、上述の地の事実を適切に変換することはできないのかということである。現代リベラリズムの実際を明らかにすることが、いまあらためて問われている。そしてそれは、リベラリズムが基底とする個人の尊重の意味――必ずしも個人の自由意思の尊重のみを意味しない――を検討に付すことへの要請ともいいうる。自由意思によらない関係下にある者を、リベラリズムはどのように〈個人〉として尊重・配慮の対象にできるというのか。次章では、リベラリズムにおける主体と関係性について、論じよう。

注

(1) そのメカニズムの解明に実証的かつ理論的に取り組む研究として、山根純佳『なぜ女性はケア労働をするのか――性別分業の再生産を超えて』(勁草書房、二〇一〇)を参照。

(2) 序章、前掲注(1)、Mayeroff, 1971 (邦訳、一九八七)。

(3) 序章、前掲注(1)、Gilligan,1982 (邦訳、二〇二三)。

(4) *Ibid.*, 63 (邦訳、一七三―一七四頁。なお訳語は修正している).

(5) ケアの倫理において価値が見出される結びつきについて、しばしば母子関係を範型とされるが、そのことがはらむ問題については数多く示されてきた。特に親密な関係である家族関係内に生ずる、時に暴力をも含む有形無形の力関係に着目する見地からの検討として、中村正「家族臨床への視点――親密な関係性がはらむリスク」『立命館人間科学研究』第一号(二〇〇一)六五―七七頁。武藤香織ほか「小特集2 「家族愛」の名のもとに――生体肝移植をめぐって」『家族社会学研究』一四巻二号(二〇〇三)一二八―一六一頁。

（6）ケアの倫理と正義の倫理との関係については、フェミニズム、ケア論、社会学など複数の領域から数多くの検討が試みられている。本章の着眼点と重なる視点から、社会の制度的仕組みや社会政策のあり方に関する規範的議論とケア論の関係を論じる議論として、服部高宏「ケア・制度・専門職──福祉国家再編への視座」ホセ・ヨンパルト・三島淑臣・竹下賢・長谷川晃編『法の理論30』（成文堂、二〇一一）一一九─一四〇頁。

（7）Martha Albertson Fineman, *The Autonomy Myth: A Theory of Dependency*, The New York Press, 2004, 21（穐田信子・速水葉子訳『ケアの絆──自律神話を超えて』（岩波書店、二〇〇九）、一七頁）.

（8）前掲注（7）、29.（邦訳二四頁）。

（9）前掲注（7）、29.（邦訳二四頁）。

（10）序章、前掲注（17）、Kittay, 1998（邦訳、二〇一三）。

（11）序章、前掲注（17）、Kittay, 1998（邦訳、二〇一三）、特に第六章を参照。

（12）脆弱性は、ケア論の中核をなす概念の一つとして、ファインマン、キテイのほか多くの論者に論じられてきた。脆弱性をめぐる議論の基点として論じられる研究として、Robert Goodin, *Protecting the Vulnerable: A Re-analysis of Our Social Responsibilities*, The University of Chicago Press, 1985 を参照。

（13）両者の関係を包括的に分類したものとして、中村直美の五分類（（一）ケアの否認、（二）正義によるケアの同化・吸収、（三）ケアの優位、（四）統合不可能、（五）相互補完）が挙げられる。中村直美「ケア・正義・自律とパターナリズム」高橋隆雄編『ケア論の射程』（九州大学出版会、二〇〇一）八九─一一六頁、さらに、斎藤真緒「「ケア」をめぐるアポリア──「ケア」の理論的系譜」『立命館人間科学研究第5号』（二〇〇三）一一九─一二一〇頁がある。

（14）キテイの議論はさらに、「ケア関係の維持に努めよ」というケア論の原理にもとづくケア関係のうち、ケア提供者の多くを女性のみが担っている問題、また依存にもとづくケア関係であればこそ、その内部に権力関係が生じる問題（いわゆる搾取問題）に焦点をあてているという点が重要である。

（15）ほかにも平等概念の再検討、再定式化という観点から既存の法理論の発想の転換を示唆する論者として、

Christine Littleton, Equality Across Difference: A Place for Rights Discourse? *Wisconsin Women's Law Journal* 3, no. 189（1987）189-212, Drucilla Cornell, *Beyond Accommodation: Ethical Feminism, Deconstruction*, and the Law, New York: Routledge, 1991（仲正昌樹監訳『脱構築と法：適応の彼方へ』（御茶の水書房、二〇〇三））ほか。

(16) Virginia Held, *The Ethics of Care: Personal, Political, and Global*. Oxford University Press. 2006.

(17) 野崎綾子『正義・家族・法の構造転換――リベラル・フェミニズムの再定位』（勁草書房、二〇〇三＝新版二〇二四）九二頁。

(18) 特に、Suzan M. Okin, *Justice, Gender, and The Family*, Basic Books, 1989（山根純佳・内藤準・久保田裕之訳『正義・ジェンダー・家族』（岩波書店、二〇一三））など。

(19) 特に、Martha C. Nussbaum, *Women and Human Development: The Capabilities Approach*（*The Seeley Lectures*）, Cambridge University Press, 2001（池本幸生・田口さつき訳『女性と人間開発　潜在能力アプローチ』（岩波書店、二〇〇五））など。

(20) リベラリズムがその前提として忘却・排除してきた依存にもとづく関係性（特に女性に対する負担）の問題については、岡野八代『フェミニズムの政治学――ケアの倫理をグローバル社会へ』（みすず書房、二〇一二）。

(21) エヴァ・フェダー・キテイ・岡野八代・牟田和恵『ケアの倫理からはじめる正義論――支えあう平等』（白澤社発行、現代書館発売、二〇一一）七七頁。

(22) 「重篤な疾患を持つ新生児の家族と医療スタッフの話し合いのガイドライン」が作成される際、出生したことについて「おめでとう」という言葉をかけることの重要性が検討された。疾患をもつ子どもの誕生に対して、少なくとも積極的にその出生を喜ぶ社会環境が従来あまり存在してこなかったことの一端を示している。厚生労働省成育医療委託研究班（主任研究者・田村正徳）「重篤な疾患を持つ新生児の家族と医療スタッフの話し合いのガイドライン」については、田村正徳・玉井真理子編『新生児医療現場の生命倫理――〈話し合いのガイドライン〉をめぐって』（メディカ出版、二〇〇五）。作成の経緯および内容の検討については、野崎亜紀子・玉井真理子「プロセスとしての話し合い――この子の最善の利益のために」『助産雑誌』五八（六）（二〇〇四）四九二―四九六頁ほか。

(23) フェミニズムとコミュニタリアニズムとの関係については以下を参照。Eva Eder Kittay, A Feminist public ethic of care meets the new communitarian family policy, *Ethics*, vol.111. no. 3, April 2001, pp.523-547. および、前掲注（21）、七九―八三頁。

(24) 序章、前掲注（17）、Kittay, 1998, 特に第6章を参照。

(25) 序章、前掲注（17）、Kittay, 1998（邦訳三四六頁）

(26) 序章、前掲注（17）、Kittay, 1998（邦訳三四七頁）

(27) 「名前のない関係」に着目し論じた研究として、小久見祥恵「親密圏への権利アプローチ」日本法哲学会編『功利主義ルネッサンス――統治の哲学として　法哲学年報２０１１』（有斐閣、二〇一二）一九四―二〇五頁を参照。

(28) 親密な関係下でおこなわれる、ＤＶ、虐待の生成過程に関する多数の研究で指摘されるとおりである。たとえば、中村正「親密な関係性における虐待・暴力と加害者臨床論――虐待的パーソナリティ論の検討をとおして」『立命館産業社会論集』第四六巻第一号（二〇一〇）一三九―一五三頁ほか。

(29) 特に、ケアの倫理におけるニーズへの応答ということでの理解については、R.B. Darlings, Parental Entrepreneurship: A Consumerist Response to Professional Dominance, *Journal of Social Issues*, 44 no.1, 1988. pp.141-158 参照。

(30) 竹下賢・角田猛之・市原靖久・桜井徹『はじめて学ぶ法哲学・法思想　古典で読み解く21のトピック』「第三部第三章　生命・先端医療　life and medical technology――自由はなぜ規制されるのだろうか?」（野崎亜紀子執筆、ミネルヴァ書房、二〇一〇）二五一―二六二頁。

第三章　法的主体と関係性
——ケアの倫理とリベラリズムの論理

一　リベラリズムにおける主体

近代法体系下で現代の社会秩序を支えてきたリベラリズムは、社会に対し大きく貢献すると評価されるとともに、批判にもさらされてきた。社会理論の思想的一基軸をなすリベラリズムに対して、その問題点や限界を論じる諸々の対抗議論の台頭に、その様を見ることができよう。なかでも一九八〇年代以降高まりを見せたリベラリズム対コミュニタリアニズムの議論においては、近代が生み出した〈個人〉をどのような存在として把握すべきかが問われた。この問いはその後今日にいたるまで、かたちを変えながら現在の議論に影響を及ぼしつづけている。リベラリズムはいっそう批判の渦中にある。

リベラリズム対コミュニタリアニズム論争の焦点は、リベラリズムがその「イズム」の出発点として想定する主体=個人像にあった。社会の網の目のなかで生きる人間（主体）に備わり、社会のなかで育まれ、位置づけられる自我への理解を欠くことが、（幾分標語的に）批判の対象となった。すなわち、リベラリズムは出発点で、その想定を誤ったのだ、と。(1)

さらに二〇〇〇年代に入ると、主として政治（哲）学領域におけるリベラリズム批判としてフェミニズムの議論が注目されはじめた。また、医療や看護、さらには生命倫理等の領域から、フェミニズムとも重なり合いながら形成されてきたケアの倫理が、リベラリズムへの批判を強めた。(2)この批判は、リベラリズム対コミュニタリアニズム論争が、〈主体〉の根拠にむけられていたのに対して、(3)〈主体〉概念の創出それ自体がはらむ問題（前章で触れた「排除と忘却の問題」）に焦点をあてている。

これらのリベラリズムに対する批判には諸相あるものの、批判の核心はリベラリズムが出発点におく〈自由な主体としての個人〉という前提自体にあった。すなわち、

①〈自由な主体としての個人〉は、性的役割分業を前提に創出される。そしてこれは、男性を公的領域、女性を私的領域に分断ないし排除することを前提とする公私区分にもとづいている。
②経験的事実として、人は皆、いずれかの時点で依存関係下にある（出生時のことを考えてみよ）。依存関係下にある当事者等には、自由な意思決定・行動をとる環境自体が存在していない。このとき彼／彼女たちは、依存・被依存の当事者としての責任を、他方当事者に対して負っている。そして〈自由な主体としての個人〉は、この事実の忘却のうえにこそ成立する。

現在は、特に後者が批判の核心を占めている。

本章は、現代社会の秩序を維持するにあたり重要な役割をはたしつづける法理論が、この社会のなかでどのような機能を担いうるのかを考える。近代法を支える思想としてのリベラリズムに対する上述の批判は大きな意義をもち、傾聴に値する。では、いま私たちの社会に、リベラリズムという思想は不要ないし重大な修正が求められるべきなのか。

リベラリズムに対して展開される〈自由な主体〉批判は、近代以降の歴史的事実および現代社会における不当な現実に根ざしている。たとえば、ケア当事者をとりまいている閉じた環境に対して、リベラリズムは有効な手立てを提示できないし、時に困難なその状況に肩入れしさえするという経験的事実を根拠として展開される。しかしこれらは、リベラリズムから必然的に導出される帰結なのだろうか。端的にいって筆者の疑問はここにある。本章ではこの疑問に取り組み、ケア論とリベラリズムとの距離と接続の可能性を考える。

はじめに、従来理解されてきたリベラリズムについて、ここでの理解をあらためて示しておく。

リベラリズムとは、国家のあり方についての構想である。そして国家は、その構成員である個人個人の生命・身体の安全を保護するとともに、個人個人が他の何者でもない個人として、みずからの生を追求することを支援することを第一義的な存在意義とする。この国家としての存在意義を達成するためには、いくつかの手法がありえよう。リベラリズムは、個人個人が他の何者でもない個人として、みずからの生を追求することのよりよい手法の一つとして、個人がその内容を判断し決定すること、すなわち自己決定によってこれを達成することを受け入れる（本章第三節を参照）。このことを法的に保障することは、リベラリズムのもとで国家の秩序を担う法の役割の基本に据えられる。個人が他の何者でもない個人としてみずからの生を追求することを自己決定という手法に委ねること（自由）を法的に保障し、国家は上述の存在意義を示すのである。このような国家がリベラルな国家であり、この国家の秩序を担う法的思考を総称して、リベラリズム法学と称する。

以下第二節では、近代法が想定する法的主体の構造と内容を明らかにすることによって、リベラリズムにおける主体の位置づけを確認する。第三節ではなんのために、またどのようにリベラリズムは主体を想定するのかについて、三つの観点（歴史・経験的要請、理論的要請、合理性の要請）から整理し、近代が要請する〈他の何者でもない私であること〉の理解の仕方を確認する。第四節では、リベラリズムが受容する〈関係性〉の観念について、個人を主体として尊重するその前提条件としての関係性が、リベラリズムを支える主体としての個人の核心となることを論じる。これらの議論をふまえて第五節では、リベラルな社会に生きる個人は、関係性をその背景とする主体であり、それは具体的な（強靱な、脆弱な）主体像を必然的には要請しないこと、むしろそうした強い、ないし弱い主体像の設定は、リベラリズムにとってはもとより、これを批判する立場にとっても、必要な設定ではないことを明らかにしようと思う。

二　主体の位置づけ

リベラリズムを構成する装置としての公私区分に対する批判が、これまでにも強力に展開されてきた。批判の急先鋒はフェミニズムである。ここでは、フェミニズムの立場からリベラリズムを概観し、そこで法的主体がどのように描かれるのかを整理し、その妥当性を、リベラリズムの目論見から評価する。

フェミニズムとリベラリズムにはいくらか共有部分があり、その共有部分は、フェミニズムにとっての核心部分でもある。「社会変革へ向かうリベラリズムの批判力」[4]はそれにあたる。フェミニズム政治理論家である岡野八代は、リベラリズムの批判力の核心が、「経験的世界における具体的なひとではなく、尊重されるべき「人格」という理念をまず掲げ、道徳的人格としての個人の平等な自由を尊重する「べき」だと主張すること」[5]にあるとし、事実と規範の切断に際して、理念（理想）の想像／創造に先手（イニシアチブ）を取らせる。加えて主張の中身ではなく、批判力自体について「こうした規範的な主張から生まれてくる批判力は、フェミニズムの主張と何ら抵触しない」[6]という。

しかしここから、リベラリズムとフェミニズムとでは、なすべき社会変革の像が異なるために、決定的に異なる道を歩むことになると指摘する。リベラリズムが構想する自由な社会は、その前提にリベラルな主体（事実とは切り離されて、国家によって平等の配慮に遇され、天賦人権を有し、みずからの自由な意思により行為することができる自律・自立した個人）を想定しており、このリベラルな主体は、公的領域で活動可能な主体である。リベラルな主体の特徴は、否定されるべき事実（国家によって平等な配慮に遇されず、天賦人権をもちながらもこれを行使することができず、みずからの自由な意思により行為することのできない依存的、関係的個人であること）を背景として構想されており、こうした背景的事実がなくては、リベラルな主体自体が構想不能である。そうであればこそ、こうした事実は、あるべき理念のなかに挿入されてはならないのである。このことを、岡野は次のように論じる。

すなわち、ここで排除されるものは、それなしには公的なるものが存在しないが、公的なるものとは相いれない論理によって存在しているために、公的領域の議題としては取り上げないことによって社会正義の射程から外され、排除される。そして、公的領域から排除されることによって、当の存在は現状のままに維持される、という意味の排除である(7)。

リベラルな主体が自由な社会を構想する前提には、各人が善き生を追求する場＝私的領域があり、ここでどのような生が善き生であるかを構想する基盤には、主体の自由意思が想定される。さて、この自由意思は、私的領域の核でありながらにして、すでにリベラルな人格の内部の核心に定位し、したがって上記否定されるべき事実があらかじめ排除されたところから、リベラリズムの議論ははじまる。こうしてリベラルな主体は、否定されるべき事実をその背景としながら、それゆえ巧妙に、そしてまた積極的にリベラリズムから排除され、忘却されるのである。

前章で言及したケアの倫理を基盤とするケアの正義論は、抵抗の論理として、フェミニズムの議論と重なる部分が多い。特に、リベラリズムが排除したとされる、事実としての人間の脆弱さを主体の内部に抱える者たちによって構成される関係性を、ケアの正義論は基盤とする。相互に平等な自由意思によるのではないケア関係という事実を、規範理論の基礎としうるのかという問いは、ケアの正義論とフェミニズム理論とがともに立てる問いといえよう。さしあたりは以上のように、ケアの倫理とフェミニズムとがおのおのの議論の中核的な部分で一定の結びつきないしは重なりがある議論であると理解したうえで、先に進むことにする。

まず、検討の対象となる、近代法の思想基盤となるリベラリズムが想定する法的主体の理解を確認する。

法的主体とは権利能力を有する主体を意味するが、しばしばこのことが議論ないし批判の対象となる。法的主体は、自由な意思にもとづき、他者からの不当な介入がなく、みずからその権利の行使について検討のうえ判断し、実行する。権利行使をする主体をそのように理解し扱うことは、法的主体を尊重することの一つの重要な手法である。しかしながら、自由意思の行使の尊重が、法的主体を尊重することのすべてであるとは考えられない。自由意思をもって行動できることは、必ずしも法的主体であることの決定的な要件であるわけではない。これは現代社会で生じてきた具体的問題から理論的課題として浮き彫りになってきた課題でもある。

たとえば、終末期にある患者等への医療、あるいは新生児に対する治療の差し控え・中止等の決定のあり方をめぐる問題として立ち現れている。彼／彼女たちが自由意思を行使できるとはいいがたい。しかし、これらの者たちは、自由意思をもつことやそれを行使できるかどうかとは独立に、法的主体とされる。本人の意思が確認できる、できないにかかわらず、彼／彼女たちは法的主体として尊重される。これは近代法理論上の要請である。近代社会においては彼／彼女たちは、仮にその声が聞こえないとしても法的主体であり、それは法的事実とされる(8)。

こうした法的主体性は法による擬制（フィクション）であるが、法の機能の核心の一つである。先の主張になぞらえていえば、法の批判力の行使といってもよい。たしかに主体の第一義的性質として、自由意思をおくものという理解の仕方がある。近代哲学史上、個人を基盤とする個人主義の規範的主張は、意思の自由（liberum arbitrium）の議論のうえで展開を遂げてきた。いうまでもなく、カントの議論に負うところが大きい。

しかし、主体問題で考えるべき論点は、主体の性質が何であるかではなくむしろ、法によって主体として擬制されるそのあり方にある。何をもって法が尊重と配慮をする対象＝法的主体となすべきか。擬制が発動するための要件は、規範的前提として自由意思をもっていることに限定される理由はない。[9] リベラリズムは、国家権力が一人一人の人間を、個人として尊重する、すなわち〈他の何者でもない私〉として配慮するその対象とすべきだとする「イズム」である。一方でリベラリズムは、どのような存在が〈他の何者でもない私〉でありうるかの中身を、一様には規定しない。そうであればこそリベラリズムは、意思表示ができない者であっても法的な尊重と配慮の対象とすることで、この社会のなかに暮らす多様な存在を認めうる、多様な思想の流通を可能にする環境（自由な社会）を作り出すのである。

では、具体的にどのような存在を法的主体とすべきか。リベラリズム法学で実践される擬制という手法は、ここで発動する。出生することにより、生身の人間は法的主体とされる。しかし、それ以外の存在についても、法的主体として承認するか否かも検討の対象となるのであって、その一つ一つの可能性・不可能性の法理論的検討は、なされるべきであるし、これまでにもなされてきた。[10] 法的主体とは、いうなれば「種々の権利・義務の担い手を想像するわれわれの必要に応えるための法学上の創造物」[11] である。したがって法的主体は〈他の何者でもない私という存在〉として法的に配慮される対象として承認されるべき存在である、と捉えうる。このことからも、既存のリベラリズム法学において強調される自己決定の尊重原則は、法的主体を承認する際の手法の一つではありうる。主体の性質問題と、主体の尊重手法の問題とは区別して考えなければならない。また、尊重と配慮に値する主体とはどのような主体であるのかについては、他の理解の可能性を含めて検討に付す必要があろう。

三　〈個人の尊重〉の理由と意味

法的主体の性質について、リベラリズムは一様には規定しないものの、まったく何も規定しないという意味での価値中立的でもない。法的擬制の発動要件を知るために、次の問いを検討する。

人の生き方を誰がどのように決めるべきか。

この至極単純な問いに、近代以降の社会は直面しつづけてきた。リベラリズムは、「私の生き方を誰がどのように決めるべきか」という問いとして受け止める。リベラリズムの主体論においてこの問いは、重要な意味をもつ問いである、と筆者は考えている。この問いを「誰が私の統治者（マスター）であるのか」に重ね合わせてみれば、国のあり方（国制）の分類と並行して考えられる部分がある。もちろんその場合の問い方は、「私たちの生き方を誰がどのように決めるべきか」となる。

社会のなかで構成員たちがどのような生を送ることが可能となるか。あるべき社会の体制（国制）をかたち作り、個々人はみずからの生をその社会で営む。社会の秩序を司る法の現代的機能として、特に法は個々人の生のあり方、究極的には人の生命の存否にいっそう接近している。この状況に鑑みれば、国制と、そのもとでの個々人の生き方には、密接な結びつきがある。この意味から、上述の問いを改めて考えてみる。

大別して答え方には二つある。一人で決めるか、あるいは集合的に決めるか、である。リベラリズムは前者を選択し、決定者を本人として、個々人の生のあり方に対する政治権力の介入を極力排した。[12] さらに現代社会においては、政治権力と個々人とのあいだの規律に止まらず、私人どうしの関係を規律する私法領域においても、本人による自己決定の尊重を原則とする法規整が広くおこなわれている。たとえば、近時の消費者保護法制などは、消費者の自己決定尊重を図り、その制度設計に、社会が承認しようとする〈自己決定の尊重の仕方〉の具体像を看取できる。あるいは、医科学技術にかかる法制度領域においては、従来人間が考え決定する〈自由〉の範疇にはありえなかった問題が、医科学技術の進展に伴い、〈自由〉の領域の問題となってきた。終末期医療や生殖補助技術等々、前章で述べた「生の両端領域」の諸問題に対する法規整への社会的要請は強い。しかしそうであればこそ、なぜ、そしてどのように、またどの範囲でそれらの決定を個人が、あるいは個人以外の誰かがおこないうるのか、が問われなければならない。

これらの問題領域において、誰かが何かを決定しなければならない問題については、本人の自己決定を原則としながら、同時に集合的な決定が組み合わされようとしている。これが現代社会の制度的状況といえよう。なぜ、どのように、誰が決定すべきかを問うにあたり、リベラリズムが個人による決定を採用する理由として、次の三つ（①歴史・経験的要請、②哲学的要請、③合理性の要請）を挙げる。

①歴史・経験的要請は、伝統、慣習、身分制、宗教など、個人が個人として社会内に存在するのに先立ちなんらかの実体的な理念が通底し、それにより個々人の生が抑圧された社会に対する反省と、政治権力からの自由への欲求にもとづく。[13]

②哲学的要請は、個人や人権といった概念が発見／創出されるとともに、哲学的基礎づけが問われたことに起因する。絶対者神との対比としての意思の自由論を起点とする自由論の展開は、個人を、共同体を構成する

部分（単位）としてのみでは把捉できない、とする個人概念の議論と結合し、個人主義という規範的主張へと展開した。[14]

③合理性の要請は、集合的決定をおこなうシステム形成にかかるコストの問題を俎上に載せる。どのような生き方が善い生き方であるのかについて、これを集合的に決定するためには、決定の仕組みを作り、善い生き方を調査検討するとともに、その内容を精査しようとすればするほど多くのコストがかかる。しかも、個人の生き方について、これを集合的に決定すべきかどうかについて社会が一定した意見をもっていない問題群（先の人間の生の両端領域にかかる諸問題を想起せよ）については、仮に集合的決定をおこなったとしても、決定それ自体の妥当性／有効性が問題視されるリスクもある。また何よりそのような事態は、集合的決定システムそれ自体への信頼を損なうことにもなりかねず、社会秩序を構成する法それ自体の信頼をも揺るがす懸念もある。したがって、個人の生き方には個人が決めるということだけを集合的に決定し、それ以上の正当性を追求しない（できない）ことにすることは、合理的でもあろう。[15]

これらの理由によってリベラリズムは、人の生き方について、個人が、みずからの生のあり方について、みずから決定する手法を選択し、正当化する。しかし、ここでリベラリズムの批判力を思い出さなければならない。リベラリズムがなぜ、どのような規範的理念としての個人を想定したのか。批判すべき対象としての現実（個人に先在する実体的な共通の理念）や概念（絶対者神、共通善）の存在への反省が、リベラリズムの現実的な、そしてまた理論的な原動力となっていた。それらに内包される価値を批判するという意味で、リベラリズムはきわめて価値的主張なのである。

近代個人主義における個人は、与えられた上位規範に従うのではなく、みずからの意思と理性とによって、従うべき規範をみずから定立する。そしてそれゆえに規範に自発的に従う〈自律〉と、みずから主体的に考え、みずから自身で善き生を生きる〈自由〉とをその構成要素とし、時に過度に誇張して理解される。また、このような個人を基盤とするリベラリズムはあらゆる「イズム」から価値中立であるかのように主張・批判される。しかし、リベラリズムが基盤において構想する個人の概念は、上記批判力によって創出されていることもまた、リベラリズムを理解するうえで重要な視座である。

四 〈関係性〉の観念

個人が自分自身の善き生を追求するときに下す自己決定を尊重することを、近代法は「個人の尊重」として受け止めてきた。ただしこの概念が、自己決定を尊重することのみを一義的に意味するものではないことは、これまで論じてきたとおりである。本節は、リベラリズムが追求する、個人が〈他の何者でもない私〉として尊重され、配慮されることの意味について、特にリベラリズム批判の文脈で鍵とされる概念、関係性という観点から再検討する。

近時のリベラリズム批判は、近代法が措定する主体の性質を「自己決定する主体」として確定し、そのように規定すること自体によって巧妙に排除・忘却される存在に着目して展開される。いまいちど、岡野の言葉を借りよう。

暴力の独占装置である国家に包摂される主体は、そもそも他者と外的環境に取り込まれ巻き込まれ、そこに依存しなければ生きていけない事実について、忘れることを強要される。主権的主体中心の公私二元論によって、正義の射程からだけでなく、個人が構想する善の射程からも、主体の来歴が隠されてしまう。主権的主体が前提となっているために、他者への依存の価値は貶められ、そしてそうした主体から成る社会を構想するさいには、傷つきやすさと他者への依存の不可避性といった、人間の条件が忘却される。[16]

リベラリズム批判の核心とされる主体の問題は従来、フェミニズムの立場からの公私区分に対する批判的検討のなかで、おもに平等論の一環として論じられてきたが、ケアの議論はさらに、主体間の関係とその活動を起点とする正義論への展開を志向している。その際、キテイがいうところの「名前のない関係」における主体はどのように位置づけられるのかが問われるべき課題であった（第二章第五・六節参照）。

たしかに、ケア関係を契約関係と位置づけるという主張もありうる。家族関係自体を契約関係として捉えなおす考え方に親和するリベラル・フェミニズムの議論は、この主張に類別される[17]（第二章第三節参照）。しかし、本書が捉えるリベラリズムにおける主体像の立場からは、もう少し別様の可能性があるように思われる。関係性にもとづく主体像である。

リベラリズムを構成する最小単位である主体としての個人は、〈他の何者でもない私〉として、法的に配慮されることが承認される存在だと述べた。そしてそれは、リベラリズムの批判力のうえに構想された主体という側面があるとも述べた。またそれと一貫して、リベラリズムは、〈人の生き方を誰がどのように決めるのか〉問題について、当該個人に委ねるべきとする価値判断を下すことを、その理由とともに述べた。

では、社会のなかで個々人が現実にそのような存在であるためには、どのようなことが必要となるのであろうか。

自己決定の重要性が強調される際、「それははたして真の自己決定たりうるのか」という批判がしばしば提示される。重い疾患を抱え、みずからの自由が効かず、さまざまな支援や機器による二四時間体制のケアのなかにある者が、仮に自身の生について「ただ生きているよりも、尊厳ある死を」として、その支援と機器とを停止する意思を表明した場合、この意思表明ははたして自己決定であるのかどうか。

みずからの意思を十分に他者に伝えることが容易でなく、みずから手足を動かすこと、食事を摂ること、排泄することができず、機器によって呼吸をおこない、ただ生きているとみずからの生を表現する者が、その状況下でみずから下した〈尊厳ある死〉にむけた決定は、はたして自己決定であるのか。

尊厳死法制化への動きのなかで、この問題がまさに現実の問題として検討され、自己決定概念を対照点として、肯定論・否定論等、諸々の議論が継続している(18)。〈個人の尊重〉理念のもと、自己決定の尊重の重要性をふまえてなお、自己決定を尊重することのみによって、法が主体を尊重と配慮の対象としたというべきか。この問いを考えるために、以下、やや長くなるが、この問題に長らく取り組んだ社会学者、立岩真也の言葉を借りよう。

迷惑をかけないことは立派なことではあるだろう。それは認めよう。いまの社会の状況に怒っている人たちもそんな真面目な人たちで、自己責任と思いやりの両方を言う。経済の自由主義への支持と私利私欲の増長への危機意識という異質の二つが接着し同じ運営に収まるのもそれに関係するだろう。つまり、自分には厳しく他人には優しくなければならないと言う。自分のことは自分で、人のことを思い、人に迷惑をかけない。潔く、すがすがしいことのようにも思える。強固であり、慎ましやかであるようにも思える。

しかしこの教えは、期待と反対の事態を必然的に招く。それを他の人に要求するとしよう。それは、周囲に負担をかけるようなことをお前はするなということでもある。その分周囲は、他者を気にかけているはずだったのに、負担を逃れられ楽になってしまう。また、その人が自らのこととして自制を選ぶのを周囲がそのまま黙認しても同じことが起こる。その人が控え目に人生から退場していくことをそのまま認めることになるのだ。つまりすぐに反転し、逆転する。自らの価値だったはずのものを自らが裏切っているのである。

犠牲という行ないにも同じことが言える(19)。

本人の自己決定を尊重するという社会の制度設計のあり方は、その社会に生きる個々人の信念に対して、静かに、しかし着実に浸透する。みずからの生のあり方をみずからの責任のもとで判断し行動するという法制度設計をするということは、〈他の何でもない私であること〉、すなわち自由な主体としての「私」を法によって尊重・配慮するための有効な手段であろう。しかしそれは同時に、手段であるということを理解しなければならない。この手法の導入当時の手段としての有効性への評価が、その歴史・経験的蓄積によって、自己決定の尊重こそが現代の法秩序を担うリベラリズムの核心であるという、いささか偏重した理解へとつながり、そしてそれは立岩が論じるとおり「期待と反対の事態を必然的に招」き反転したのである。これを、手段の自己目的化現象といってもよい。

自己決定偏重への批判としてしばしば、当事者が周囲の家族や支援者を思い、あるいはさらに社会環境の圧力のもとにおかれることによって、自由な意思の表明はもとより、それを抱くこと自体が困難な状況があることが指摘される。これに対して、リベラリズムの原点を、自己目的化した自己決定尊重とする枠組みからは、そのような圧力問題は例外的事例であるとされる。あるいはそうした問題があるとしてもなお自己決定を尊重すべき場合にこそ着目し、尊重する制度設計を考えることが本筋であると応答し、相互の議論はすれ違ってきた。

繰り返すが、自己決定の尊重とは、政治権力等の不当な権力的介入を受けることなく、〈他の何者でもない私〉として尊重されるための手段である。ここで擬制される自由な主体という規範的事実は、単に放っておいてもらう自由が守られている状態ではない。自己決定権の起源である、「一人で放っておいてもらう（let to be alone）」権利を思い出してみよう。他人の私生活上の秘密や問題をことさらに取り上げ、商業的利益を得るイエロージャーナル等の執拗な追求から、私生活を守る権利の保障を淵源とするプライバシー権もまた、その者が社会から放擲されることを意味するのではない。あくまで、社会のなかで個人として尊重されるべきこと、その態様として個人のプライバシー権を保護することとしたのである[20]。

「私」が〈他の何者でもない私〉として社会のなかで法によって尊重・配慮の対象とされるべきであるということは、他者もまた「私」と同じくそのように尊重・配慮の対象とされるべきであることを意味する。そしてそれは、「私」を含めた社会の構成員が、それを受容することが要請されることを意味している。前章では、法理論として致命的なことに、このような個人を基底とする論理が、抵抗の論理としてのケアの倫理を基盤とするケアの正義論からは生じえないことを述べた。ケアの正義論は、リベラリズムに重要なことを気づかせてくれるが、それ自体としては法理論たりえない。

他者との関係下にあって、「私」が個人として尊重されるべきであることが問題の前提かつ核心であり、これが、個人の自己決定を尊重すべきであるという規範を生み出すのである。他者との関係性のもと、自己を自己として、他者を他者として尊重すべきであるということが、主体を個人として尊重する際の規範的前提なのである。

このことは、現にたとえば、当事者の自己決定を支える仕組みの重要性が問われる私法上のさまざまな法制度を考えれば明らかである。私人間の法律行為については、私的自治にもとづき国家は不当な介入をおこなってはならない。しかしそうであるとしても民法は、詐欺、強迫等にもとづく契約関係は取消すことができる。さらに、医療にかかわる患者の保護法制や、消費者保護法制等を顧みても、個人の自己決定が適切な自己決定となるように、医療者や販売企業等には、患者や消費者に対する適切かつ十分な情報提供が求められる。またそのための法整備もおこなわれている[21]。

つまり、私法上の原則である私的自治の原則は、当事者間の合意にとどまらない。他者を他者として承認するという、相互に片務的な承認が先在（前提）し、そのうえに成り立つ具体的な法制度設計を支える原則になっている。そう理解してよい。

以上より、法的な主体が主体として承認されることの前提、すなわち法が個人を〈他の何者でもない私〉として尊重・配慮することの前提とは、他者との関係性のなかにあって私が私として他者から承認されるということであり、まさにそれは、他者を他者として私が他者を承認することのうえに成り立ちうることである。この基底的な関係性の権利が、序章で論じた「③関係性のなかの権利」である。これは、他者からの承認要請の有無、すなわち要請があるから応答責任があり、なければ応答責任がないという、いわゆる「ギブアンドテイク」の関係とは独立の問題である。

承認のレベルやその承認の具体的手法は、法制度設計上の問題としてさらに論じられるべきことがらとなろう。(22)

五　主体と関係性

「人の生き方を誰がどのように決めるべきか」問題に戻り、本章をまとめよう。

これまでの理解をふまえてこの問題に応えるならば、他者との関係性下、自身と他者の生を承認することを前提として、みずからの生について自己決定をする、ということになろう。このとき、リベラリズムに対する自己決定偏重の批判として主張される、個人をとりまく環境からの影響、簡潔にいえば自己決定への圧力がさらなる問題である。従来の批判は、リベラリズムが想定する主体の前提条件としての〈関係性〉理解の不十分から、相互に論点のすれ違いが生じてきた。

ここでいう関係性とは、自分の生のあり方をみずから決定することの前提としての、他者の存在を承認するという意味であり、機能である。私の生についての自己決定は、私の生のあり方を決定する。まずもってそれは尊重されるべきである。ただし、その要求が正当な要求として規範的に保護されるためには、私による他者の存在承認を前提とするものであるかどうか、が問われなければならない。他者の存在を傷つけ、自由を奪っていないか、が法的思考によって問われるべきである。

また同様に、他者の生についてのその他者による自己決定もまた、それ自体として、私は尊重しなければならない。ただし、それが規範的に保護されるためには、やはり私による他者の存在承認を前提とするものであるかどうかが問われる。なんらかの決定をおこなう他者を、それゆえに社会から放擲し、忘却・排除していないかどうか、が法的思考によって問われるべきである。

もちろんその承認の内容が具体的にどのようなものであるべきかは、上述のとおりさらなる法制度設計上の問題となろう。

繰り返すが、このことは、他者が私を承認してくれるかどうかとは、独立の問題である。すなわち、契約にみられるような、当事者相互の意思の合致によって、両当事者の関係性を継続・切断するという意味での双務的関係性をここでは意味しない。リベラリズムが構想する自由な社会の法秩序においては、私が〈他の何者でもない私〉であるために必要となる、他者に対する片務的な承認が前提とされるのである。このことを指して、リベラリズム法学における権利を構成する関係性の観念というべきである。

自己決定偏重批判が主張する、自己決定に対する圧力の問題は、事実上たしかに存在する。他者が存在する以上、そして自己決定が他者承認を前提とする以上、他者の存在は個人に対してなんらかの影響力を有する。それが、自己決定の支えであるのか、自己決定を阻害する、否定されるべき不当な圧力であるのかは、事実にもとづいて判断されるべきである。そして、当該事実の下で自己決定の前提となる他者承認があるかについては、あるべき制度設計とともに検討に付される課題である。

以上のように考えるならば、主体の性質を、強靱とするのか脆弱とするのかといった主体の内実の想定は、リベラリズムにとって必ずしも重要な問題ではない。なぜなら、他者を他者として承認できる秩序形成を図り、個々人の自己決定が尊重できるような個々人の存在、活動、思想等の流通のための環境整備をするための思想的基盤として、リベラリズムは現代社会における役割をはたすからである。またそうであればこそ、自由な社会を構想する「イズム」の名に値するのである。

主体の性質を事前に確定することは、それ以外の存在を排除し、時に忘却の彼方に置き去りにさえしかねない。規範理論を構想するうえで、このことは重要な点であると、筆者には思われる。

注

(1) リベラリズム・コミュニタリアン論争については多数の研究があるところ、特に論争の背景およびおのおのの立場を支える思想的潮流、代表的論者の議論の関係を仔細に論じた研究として、Stephen Mulhall, Adam Swift, *Liberals and Communitarians*, Blackwell Publish, 1993（谷澤正嗣・飯島昇藏代表訳『リベラル・コミュニタリアン論争』（勁草書房、二〇〇七））を参照。

(2) 第二章、前掲注（20）、岡野（二〇一二）。

(3) 代表的には、ジョン・ロールズの議論に対する批判として、M. Sandel, *Liberalism and the Limits of Justice 2nd edition*, Cambridge University Press, 1998（菊池理夫訳『リベラリズムと正義の限界』（勁草書房、二〇〇九））を参照。

(4) 第二章、前掲注（20）、一一一頁。

(5) 第二章、前掲注（20）、一一一頁。

(6) 第二章、前掲注（20）、一一一頁。

（7） 第二章、前掲注（20）、一一五頁。

（8） なお法的主体の認め方について、アマルティア・センにはじまるケイパビリティ・アプローチをとって福祉理論を体系的に展開するマーサ・ヌスバウムの議論については検討を要する。ヌスバウムが示すケイパビリティ・リストは「閾値レヴェル（threshold level）」の観念を採用しており、例示的に「人間の永久的な植物状態は、まさに思考、知覚、愛着などの可能性が決定的に絶たれているため、どの意味合いにおいても人間の生とは言えない」と論じる。Martha Nussbaum, *Frontiers of Justice: Disability, Nationality, Species Membership, The Tanner Lectures on Human Values*, Harvard University Press, 2006（神島裕子訳『正義のフロンティア――障碍者・外国人・動物という境界を越えて』（法政大学出版局、二〇一二））.

（9） この点について憲法学の立場からの詳細な検討を加える研究として、中山茂樹「基本権を持つ法的主体と持たない法的主体（一）（二）」『法学論叢』一四一巻六号（一九九七）五〇―七一頁、一四三巻四号（一九九八）四七―六五頁を参照。

（10） たとえば伝統的な議論としては、法人論があり、また本書が基点とする生の両端の視角からいえば、胎児の法的地位にかかる議論検討には、わが国における実定法上の議論においても一定の議論の蓄積があり、さらには胚の法的地位の他、人間にとどまらない議論として、動物の権利をめぐる法理論的、法解釈学的検討は進められてきた。代表的なものとして、米村滋人『医事法講義　第2版』（日本評論社、二〇二三）第5章第1節、青木人志『日本の動物法　第2版』（東京大学出版会、二〇一六）ほか。

（11） 第二章、前掲注（30）、竹下賢他編（二〇一〇）（桜井徹執筆）三三頁。

（12） 集合的決定と自由との関係については、序章、前掲注（16）、嶋津（二〇一一）、特に「第Ⅲ部12 自由のみでどこまで行けるだろうか――リバタリアニズムの社会ヴィジョン」一六三―一八一頁を参照。

（13） 市民革命期に代表される人権概念の発見に伴う個人の解放の最初の成果は、天賦人権および譲渡不能の権利が個人に存することを公に宣言するというかたちで世に示された。アメリカにおけるヴァージニアの権利章典（一七七六）、同独立宣言（一七七六）、フランスにおける人および市民の権利宣言（一七八九）が挙げられる。

(14) 社会契約論（ホッブズ、ロック、ルソーを代表とする）においては、社会規範の成立根拠である国家の権威を、身分を背景とする中間団体（複数性）に属する人々にではなく、直接社会の構成員である個人の意思に基礎づけたところに、重大な意義が認められる。

(15) 善き生き方を集合的に決定し、社会制度として設計することが可能であるとする設計主義に対する批判としては、ハイエクの議論を参照。ここでの理解は、嶋津格監訳『ハイエク全集Ⅱ　4　哲学論集』（春秋社、二〇一〇）、特に第一部の三論文（「二つの合理主義」（三—二四頁）、「設計主義の誤り」（二五—五五頁）、「先祖返りとしての社会主義」（五七—七三頁））に依拠している（F.A.Hayek, 'Kinds of Rationalism,' in *The Economics Studies Quarterly*, 15. No3. Tokyo; 1965. The Errors of Constructivism, *Die Irrtümer des Konstruktivismus und die Grundlagen legitimer Kritik gesellschaftlicher Gebilde*, Munich; 1970. reprinted Tübingen; 1975. The Atavism of Social Justice, in F.A. Hayek, *New Studies in Philosophy, Politics, Economics and the History of Ideas*, Chicago and London; 1978）。

(16) 第二章、前掲注（20）、岡野（二〇一二）二四七頁。

(17) この立場に立つ議論として、第二章、前掲注（17）、野崎（二〇〇三＝二〇二四）、特に第一部Ⅱ第3章「家族への契約アプローチ」を参照。また既存の法律婚の前提を懐疑し、婚姻でないものという視角から家族をも問いなおす法哲学的検討の論点を示唆する諸論考として、「特集　結婚の法と哲学」井上達夫責任編集『法と哲学』第九号（信山社、二〇二三）所収の論文を参照。

(18) なお、法制化にむけた具体的な動きとしては、二〇〇五年に発足した「尊厳死法制化を考える議員連盟」が「終末期の医療における患者の意思の尊重に関する法律案（仮称）」を公表した（二〇一二年六月六日）。これに対して、人工呼吸器をつけた子の親の会（バクバクの会）、DPI（障害者インターナショナル）日本会議等の団体からの疑問と要望が相次いでいる。ほかにこの問題に関連して、立岩真也『良い死』（筑摩書房、二〇〇八）、同『唯の生』（筑摩書房、二〇〇九）を参照。なお同議員連盟は二〇一五年に「終末期における本人意思の尊重を考える議員連盟」（増子輝彦会長）に名称変更している。二〇二一年三月、一七二名の国会議員が超党派で参加するかたちで再始動し（野田毅会長）、断続的に活動が継続している（山東昭子会長、二〇二四年五月）。

(19) 立岩真也『希望について』（青土社、二〇〇六）二九四—二九五頁。

(20) Samuel D. Warren & Louis D. Brandeis, The Right to Privacy, 4 *Harvard Law Review*, 193; 1890.

(21) 患者の権利保護については、数多くの議論の蓄積がある。特にインフォームド・コンセントをどのように制度的に理解し、位置づけるべきかについて、野崎亜紀子「インフォームド・コンセントの法理の法哲学的基礎づけ」甲斐克則編『医事法講座第2巻　インフォームド・コンセントと医事法』（信山社、二〇一〇）二五—四四頁。また、消費者保護法制の転換（消費者保護基本法から消費者基本法へ）に伴い、消費者支援と国家の役割については、数多く議論されている。特に消費者の主体理解の多様性に言及する文献として、熊谷士郎「消費者法における国家の役割」日本法哲学会編『市民／社会の役割と国家の責任　法哲学年報二〇一〇』（有斐閣、二〇一一）三二—四六頁。

(22) とはいえ、立岩の言葉を借りれば、私の生はもとより、他者の生を「唯の生」として承認するということは、個人が個人として生きるための最低限のラインではないだろうか。

第四章　関係性の権利
――〈差異〉を／から考える

一　差異・平等・関係性

前章で得られた「人の生き方を誰がどのように決めるべきか」問題を考えることの意味は、個人の尊重について真剣に考える視角であった。本書は、この視角のもとで、最も困難な局面に向き合う立場から検討することで、個人の尊重の核心を捉えようという方法をとる。すなわち、人間の生の両端領域から法・権利を捉える。具体的には、人間の生／死にかかわる医療・医薬科学研究の制度・実践を想定している。

一般に自己決定権は自由権を背景とする権利と理解されている。先に結論を述べれば、自己決定権は自由権の行使という観点からのみ理解することはできない(1)。にもかかわらず、特に医療および医学研究の領域においては自由権の行使という自己決定権概念の一側面に（暗黙のうちに）依拠することによって、治療あるいはその他医療行為の正当化／正統化を委ねる傾向にある。

脳死・臓器移植の実施にかかる法制度設計は、わが国における典型ともなる課題と考えられる。その後に継続するヒト胚を用いた研究、各種の生殖補助医療および研究等に関する法律その他による規律の問題もまた同様である。これらの医療実践、研究実践を希望する者がおり、その希望をかなえることに同意する者がおり、それを達成するだけの技術力、そして実施できる専門職者がおり、実施を可能にするすべてが整っているにもかかわらず、なお当該の実践には一定の規律がなされるべきである、とする社会状況が（時にグローバルに）存在している。個人の尊重を基盤とする社会においても、当事者による自由意思にもとづく行動に対する規制の正当性問題が生じている場面といえるだろう。自由な社会を標榜するこの社会は、なにゆえに一見すると自由な行為の尊重と拡大に抑制をかけようというのか。

二〇世紀後半には、医科学技術の進展とともに、人間の終末をめぐる局面に問題群が広がりを見せた。具体的には、脳死の問題であり、終末期医療の問題である。治療の差し控えや中止、さらにはみずから積極的に生を終わらせる決定を法的に許容することなど、死に接続する自己決定も認めうるとする声も強い。本人の意思が確認できない場合には、本人以外の者（たとえば家族）の意思を含めた集合的な意思決定によってこれを許容する要請もある。このことは人間の生／死にかかわることがらを、意思によって決定されうる事項であるとの理解のもとにおく。したがって、自己決定にかかる問題と地続きの問題として検討されうる。(2)

わが国において生／死にかかる患者の自己決定の尊重を図るルール作りが検討された最初の具体的な契機として、「脳死体からの臓器移植」に関する立法問題が挙げられる。「脳死体からの臓器移植」の実施に際してこれをドナーの自己決定権の行使とみるか、あるいは死者の生前の意思に対する配慮とみるか、検討の余地があった。(3)しかしそれ以上に、臓器提供者(ドナー)の意思確認をどのようにおこなうのか、という制度設計上の論点が議論となった。結果的に一九九七年に成立した臓器移植法(平成二一年改正前のもの)においては、ドナー本人の明示的意思、および「遺族」による承諾、この両方を必要とする規定とされた。

改正前臓器移植法　第六条

医師は、死亡した者が生存中に臓器を移植術に使用されるために提供する意思を書面により表示している場合であって、その旨の告知を受けた遺族が当該臓器の摘出を拒まないとき又は遺族がないときは、この法律にもとづき、移植術に使用されるための臓器を、死体(脳死した者の身体を含む。以下同じ。)から摘出することができる。(傍点は筆者による)

この規定の文言からは――法律の制定に際して、さまざまな混乱、妥協があったとしても――「ドナーの意思」を必要とすることを基本原則としつつ、「遺族」による拒まないという「意思」を尊重することによって、脳死・臓器移植を慎重におこなおうとする意図が読みとれる。(4)また注目すべきは、臓器移植法の運用に用いられる指針(「臓器の移植に関する法律」の運用に関する指針〈ガイドライン〉(厚生省保健医療局長通知・健医発第一三二九号、平成九年一〇月八日))において、「家族の承諾」を明示的に必要とすることが強調されていた点である。

ドナー本人による移植への明示的意思表示(自己決定)を原則とする法律の施行にあたり、なぜこのようなガイドラインを設ける必要があったのか。哲学的思考の対象となる法の内容には、実定法のみならず、ガイドラインのような周縁にある規範的言語で語られる領域の議論も含まれる、というのがここでの理解である。この実定法の周縁を含めた法領域において「自己決定」の尊重はどのように理解されるだろうか。

脳死・臓器移植について、少なくとも立法当時は、当事者の自己決定問題と位置づけながら、ドナー当事者本人の意思とともに遺族の同意が求められた。その後の改正状況をふまえると、この遺族の同意とは、自己決定という概念との関連でいかように理解すべきか。批判的検討の対象とすべき課題である。(5) すなわち、自己とその周縁に存在する近しい他者（典型的には家族）が、自己との関係でどのような法的位置づけを有し、権利を行使できるのか、という課題である。

この家族等の権利は、自己と近しい他者とのあいだの関係性とともにあり、行使される権利であるから、従来の個人の自由としての自由権的権利理解では理解が困難といわざるをえない。この権利の法領域における位置づけを明らかにすることは、「脳死・臓器移植」という場面での意思決定のあり方といった個別具体的な問題にはとどまらず、リベラリズム法学の基盤となる個人の尊重の意味するところへの問いとなろう。(6) 言い換えれば、法領域において個人は、いかに尊重され、されるべきかという問いへの取り組みといえる。

法はおのおのに「リアルな差異」をもった個人をいったん括弧にくくり、法の下の平等という想定を採用する。そこで個人が自由に自分自身の生き方を選択することを保障すべきである。それが、法がどのように個人を位置づけているのかについての正しい答え方ではある。しかし社会を構成する法領域は、必ずしもその方法のみによって個人を尊重してはいない。こうした理解のもと、以下では法領域を構成する基本的構成要素の一つである「平等」から検討をはじめる。

古代ギリシアで発展した民主主義思想において「自由」と「平等」、なかでも「平等」は民主主義社会における主要な構成要素であり、枢要な価値理念と位置づけられていた。これに対して近代以降の西欧型民主主義思想においては、伝統的な社会による束縛から解放され、いわば他者との結びつきから解放された自由人を礎としている。

しかし、この解放された自由人という前提が抱える自我観に対し、その貧困さへの批判（負荷なき自我（unencumbered self）や、社会のなかで他者とともに生きることで支えられる私のアイデンティティ（位置づけられた自我（situated self））を捉えることができない、という課題が指摘されて久しい。[7]「純粋な選択主体」としての個人という視点のみをもってしては解決しえない課題とともに人は社会に生きていることへの着眼と、その解決へむけた試みがおこなわれている。平等論を基軸とした理論の展開および実践的改革にむけた活動は、まさにこの現れとみることができる。[8]

ここで取り組むべきと考えられる平等の観念を明らかにするうえで、古代ギリシア民主主義思想にみられた「イソノミア（isonomia）／ポリス的平等」[9]の理念は、ヒントを与えてくれる。千葉眞の整理[10]によれば、イソノミアはポリス内部で受容された平等の理念であり、「ノモス（nomos）／法・人為」のもと、各人に違いはあれどもポリス内における政治への参加についての平等、すなわちポリス的平等を意味する。イソノミアはそもそも市民各人が有している「フュシス（phusis）／自然」上の差異・不平等という事実をいったん脇におき、ポリスに関する事柄（政治）についての平等（ポリス的平等）、すなわち政治に平等に参与することを承認する観念である。各人はポリス的平等に対する権利を有すると考えられた。

この考え方は、今日の法領域における法の下の平等の考え方にも通底している。個人個人には当然、たとえば背が高い／低い、音楽的才がある／ない、走るのが速い／遅い等々といった事実としての異なりがある。その事実のすべてを等しく遇することが、ここで意味する平等に遇するという意味では必ずしもない。各人がさまざまに有する事実上の異なりをいったん脇におき、法の下における平等を想定するのである。

法領域において、法解釈の対象としての事実は、実態としての地の事実とは区別された法的事実である。法領域における「事実」は、アンスコムの語によるところの「裸の事実（brute fact）」[11]でもなければ、ロナルド・ドゥオーキンが法実証主義批判に際して提示した、命題の真偽の決め手となる「ハードな事実（hard fact）」[12]でもなく、構成主義的な事実観における「制度的事実（institutional fact）」（サール）[13]である。

しかしながら実質的な平等観念のもと、フュシス的平等の主張も根強い。この主張は、人間はフュシス上で平等だから、法の下における平等はただちにこれを指向しなければならない、とする理解にもとづくと考えられる。このようなフュシス的平等観にもとづいて平等実現を図ることの妥当性は、問われなければならない。法に認められる擬制という役割を排除、ないしは小さく見積もることになるからである。社会内において解決困難とされる課題――一般化の弊害をおそれずにいえば、社会的弱者あるいは少数派の処遇改善――に取り組むにあたり、この方法が正しいのかどうか、である。

さまざまな意味で脆弱な人々を含む社会のなかにあって、個々に異なる各人の差異を、平等の観念はどのように組み込むことができるか。これが平等の今日的課題である[14]。この課題に本書は、ノモスのもとの平等観念のうちにどのように非対等な個人を設定し、そのもとでどのように制度的事実を抽出すべきか、を論じることで取り組みたい。

このような観点から人間各人の「差異」に基盤をおいて平等問題を検討しようと試みる議論として、人と人との関係性という概念に着目し、またこれを権利論として展開しようとする「関係性の権利論」を取り上げて検討していく。「差異」を基盤とする平等論を展開するうえで、「関係性」概念を積極的に法理論に取り入れようと試みる議論である。既存の枠組みでは捉えきれない課題を言語化し、規範理論上の位置づけを与える企てとして注目されている。

本章は以下、「関係性の権利論」を提唱する法学者マーサ・ミノウの議論を取り上げ、従来の「平等」基底的法理論の問題点を明らかにする。第二節では、ミノウの関係性の権利論の骨子となる、既存のリベラリズム法学を批判的に再考するにあたって導出された、差異のジレンマの視点と暗黙の想定の概要を捉えることで、本書と意図を同じくした先行研究をふまえて論点の整理を試みる。つづく第三節では、関係性の権利のアプローチの意味を、具体的課題への適用の可能性とともに論じる。

二　「差異のジレンマ」と「暗黙の五つの想定」

1　自律型の権利アプローチの問い直し

マーサ・ミノウは、人間個々人のリアルな差異を、法の下にいかに実質的に取り込みうるかという問題に着目し、多くの論文を通してこの問いに答えようとしてきた。一連の論文等から、彼女の取り組みの実践的な主眼は、女性、子ども、ケアを受ける人たちといった、一定の関係のもとでみずから主体的な活動をすることが困難な人々が抱える課題を法理論的課題として位置づけ、規範的議論の俎上に載せることにある、と筆者は捉

えている。(15)

ミノウの戦略は、一九世紀末から今日にいたるまで採用されてきた五つの暗黙の想定（後述）に着目し、批判的に検討するところにある。従前のリベラリズム法学は、近代的自我を前提とするが、ここで想定されているのは自律的個人である。個人の尊重を基盤とする法システムの構築が進むとともに、社会を作り上げる最小単位としての個人の像は、自分を自分の生の主体とする自律的個人とされてきたし、そのように要請されてもきた。

この理解にもとづき、個人は、みずからの生について考え、みずから決定することができる、いわゆる自己決定することができるという意味での自律（個人的自律（personal autonomy））を備えることとし、これは近代法における自由の観念を支える重要な要素とされてきた。合理的判断能力をもち、それを行使することができるという意味である。みずから考え、判断し、発言し、行動できる個人が、法的空間、また政治共同体の主人公として想定されてきたのである。しかしこの個人的自律が、はたして自由の観念の核心であるのか。

現に自己決定できることに自律性の根拠をおくことは、前近代的な非主体的な個人へのアンチテーゼとしての力をもちえたが、(16)他方で、個人に特有の属性や、それにもとづく社会的に与えられた役割や位置づけ、そうした所与あるいは社会的に構築されてきた負荷が自己決定に与える影響力への視座を欠落させている。そこから個人像の抽象化を招いたとする批判にさらされることにもなった。

合理的・自律的判断を十分に下すことが困難な社会構造のもとに暮らす個人や集団にとって、自律的主体としての個人という想定は、画餅にすぎない。そのような社会的環境にある個人や集団にとってみれば、権利は、それによって社会におけるあらゆる個人の尊重を図るのではなく、自己（が属する集団）の利益のための道具としての「権利」へと変容するといってもよい。

この変容が何を意味するのかを論じる前に、いわゆる自律的個人による自己決定を基盤とする自律型の権利理解の利点を確認しておこう。

「権利」という概念は、法的空間で生じる問題にどのような規範的課題があるのかを明瞭にする。これは「権利」の問題分節化機能といえる。この機能によって、社会内でさまざまに生ずるそれぞれの文脈を伴う一つ一つの問題が、法的に、何に対する、誰と誰のあいだの、どのような法的問題かを明確化できるのである。したがって当該問題が法的空間内の法的問題であり、法的思考にもとづく検討のうえ解決を図るべき問題であると知ることができるという点で、実践的かつ合理的な役割が期待される。これは、問題解決とそれを支える法的思考の蓄積によって、予見可能性が高まり、合理的な行動方針を事前に得られるということでもある。このようにして権利ないし法は、自律的個人に対して自由を創出するという役割をはたしている。

しかしこの自律型権利アプローチが有する自由の創出機能が、今日十分に機能していないことは、コミュニタリアニズムから、フェミニズムから、そしてケアの倫理からの批判のとおりである。その難点の所在についての最も有力な論の一つは、自由な意思を育む環境自体を構築する仕組みを、既存の法理論が明示できていないところにある。権利を行使する主体の尊重の強調は、個人の尊重の基盤が不十分な状況（前近代からの移行期など）においては重要である。それは、各人が権利の行使をしうる環境としての自由な社会を構築するプロジェクトの一環として、常に位置づけられると考えるべきであろう(17)。

各人が権利を行使しうる環境整備を伴わない権利行使は、相互の権利主張への無理解による無用な権利対立を引き起こす。結果として、本来法的解決がもたらしうる権利関係の公正な確定と、当事者らを含む社会における納得を得るという意義を損なうことになりかねない。これは、権利を、当事者がその主張をするに足る理にかなった理由を涵養するものとしてでなくむしろ、道具的に利用することを助長することへとつながる。権利行使が、みずから主張する能力を発揮しその果実を得ることをこそ意味するという道具的理解の広がりは、外形としては個人の意思を尊重し、その実現を図る意義を示す。しかし家族における母や妻、子に対する親、被介護者に対する介護者、あるいはその逆をも含め、そのような役割を担うものだと社会的に埋め込まれた役割を負う者、役割を与えられた者、さらにいえばいわゆる社会構造的弱者らは、みずからの意思形成自体が阻害される環境にあるのであって、そのような環境とともにある個人の意思の尊重の原則は、基盤となる個人の尊重理念を掘り崩す。環境を問わずみずからの意思の尊重とその実現を求める個人承認の要請は、自律型の権利アプローチをその問い直しを図ることなく継続させることになろう[18]。

権利と権利の対立が、はたして両者の自由な主体の共存を可能とする社会条件下にあるのかどうか[19]。自律型の権利アプローチはしばしば、みずから独立に自己決定できるという理想的個人を初期条件とみなす傾向があり、他方で社会のなかでつながり合う人間相互の関係性への理解（肯定的であれ否定的であれ）が稀薄となる。個人の自律性と、相互の関係性の観念とがどのように結びつくことができるのかに、この問題を解く糸口はないのか。

ここで取り上げる関係性の権利という考え方は、社会内における一定の文脈のもとに築かれる人間相互の関係が、「関係性（relationship）」や「配慮（concern）」という概念によって法的空間のなかに挿入されているという発想にもとづいている。従来、関係性や配慮といった概念は、倫理学の領域では取り上げられたものの、法理論のなかでは確固とした地位を築けないままにあった。なぜなら関係性も配慮もともに通常自分と他者とのあいだの文脈しだいで揺れ動く概念と考えられ、普遍性・一般性を要求する法規範のなかでは十分に取り扱う手立てがないと考えられてきたからである。

しかしながら「関係性」や「配慮」といった概念は、近代法体系上、今日もなお法的空間に組み込まれている。民法上の親権や扶養義務、刑法上の親族相盗例や保護監督義務は、一定の関係にある者どうしの特別な関係性を前提とする。一方が他方に対して片務的になんらかの負担を課すことが相当と思われるような関係性を前提としなければ、これらの規定を理解することはできない。事実、各人相互の円滑な関係性の促進を要する私法においては、このような権利・法理解は不可欠である。[20] このような「関係性」や「配慮」という概念を取り入れた、法的空間内における「権利」のありように迫る手法を「関係性のアプローチ」と称する。

今日なお人々は自律型の権利アプローチを用い、激しい対立を生み出しつづけている。そこで自律型の権利アプローチのみでは法的問題解決が必ずしも図れないという疑問が提示され、[21]「関係性のアプローチ」が注目されるようになったともいえる。

ミノウはこの「関係性のアプローチ」と自律型の「権利のアプローチ」の両方について見直しを図る。具体的には、「権利のアプローチ」の存在意義を認めつつも、これを「関係性のアプローチ」から導出される一特性として位置づけ、新たな「権利」のパースペクティブの構築を試みるのである。この試みに際して、まずは「関係性のアプローチ」を積極的に採り入れ、結果的に消え去ってしまった、あるいは行き詰まってしまった運動を取り上げ、なぜこれらが失敗に終わったのか、そしてそこで採り入れられたアプローチが、いかにミノウ自身が目論む「関係性」と異なるものであるのかを検討する。

2　進歩主義とフェミニズム

既存の「権利のアプローチ」には、社会に生じている複雑な問題を、誰にその権利があるのかという観点から問題を整理し、単純化することによってその問題の検討課題を明確化するという「カテゴリー化」の利点（分節機能）があった。他方、このアプローチは、みずからの独立した意思にもとづいた自己決定をおこない、実践する権利主体としての個人を基盤とし、そうした個人どうしの共存を基盤とする正義の論理のもとにある。しかし、この社会にはみずから独立した意思決定の困難な個人も含まれている。そうした個人が存在する社会で、自律型の権利観を普遍的に適用することの実践的困難と理論的困難に直面し、新たなアプローチの模索がおこなわれてきた。それが、社会に通底しているなんらかの「暗黙の想定」を取り外し、ケアの倫理を採り入れた関係性のアプローチへの着目である。

以下では具体的に社会運動としてミノウが着目する二つの運動を挙げよう。いずれも相互関係性に着目し、既存の権利アプローチから脱しようとする試みである。一つは「進歩主義」であり、もう一つは「フェミニズム」である。

①進歩主義（progressivism）　進歩主義が台頭した一九世紀終わりから二〇世紀初頭は、都市の急激な増加、都市への人口集中、産業発展のただなかにあり、時代の主人公は中流階級であった。自己利益を中心とした「自由」の観念と、マルクス、オーウェンらにみられる「集団的な問題解決法」という観念とが混在する時代状況のなか、どのような社会に進むべきかという問いを前にして進歩主義は、前者の非道徳的経験主義の限界と、後者の理想主義の危険とを察知した。進歩主義は、理論と実践との結合を目的とし、なかでも相互理解と

個人の尊重とを目的として措定した。この立場の運動家たちは、友愛と個人の尊重、また官僚制の良さをも追求し、そのなかで社会的事実を発見することこそ、その時代に生じていた解決すべき難題の解決へむけて最も重要なことだと信じていたのである。

過酷な労働、子どもの犯罪、劣悪な公衆衛生などの問題が浮上する時代にあって、女性たちもまたこの進歩主義の立場からさまざまな運動を起こしている。トインビーに代表されるセツルメント運動は代表的な例である。福祉を必要とする人々に対し、単に福祉を与えるというのではなく、適切な援助をおこなう。それによって彼／彼女たちに自立の道が開くよう試みる。「貧困者」として施しを受けるグループに属していた集団を、施しを受ける対象ではなく、彼／彼女ら自身が自発的に教育を実践する試みがおこなわれ、このような取り組みの有効性についての調査研究が進行した。

この運動は当初、貧困労働者を対象とする運動であったが、徐々に社会のなかで十分な社会的地位を得ることのなかった女性の運動などと結びついていく。しかし進歩主義の立場にもとづく一連の運動のなかで女性の参政権が取り上げられるにいたると、その進歩的な発想は従来の社会的枠組みとのあいだに著しい乖離を示しはじめ、社会の賛同が得られない状況となった。その過激さゆえに女性参政権に対する取り組みは失敗し、以後進歩主義自体も後退していく(22)。

後のニューディール期には、少年裁判所設置という取り組みによって、いったんは進歩主義が力をもった。この取り組みでは、非行少年・少女たちを、成人社会における司法手続きで取り扱うのではなく、彼／彼女らには、権利よりもケアが必要なのだという捉え方にもとづき、彼／彼女らを処遇する少年裁判所を設置した。しかし犯罪の低年齢化、凶悪化、あるいはまた権利にもとづく司法手続きを採らないがゆえに、かえって判決が他の判決と整合しないなどの問題が生じてしまい、少年裁判所のあり方に批判的な見方が強まりはじめた。結果的に少年裁判所は停止され、少年・少女も基本的には成人と同様の制度下におかれた。このことは未成年者に対してさえ権利による問題のカテゴリー化の効用を認め、「権利アプローチ」の機能を社会的にきわめて強く位置づけた(23)。この点は自律型の権利のアプローチの有効性を強調し、逆に関係性のアプローチの問題点を浮き彫りにする結果にもつながった。

進歩主義が衰退した背景には、他にも抱えていたいくつかの問題点がある。労働時間制限に関する法規制における男女間の不平等と、契約の自由とのあいだに生じていたジレンマなどの存在が影響を及ぼしたと考えられる(24)。女性は労働条件上さまざまな優遇措置が採られているにもかかわらず、参政権ではなぜ男性と平等になるのかといった問題提起もこの一例とされる。この問いに対する十分な応答を進歩主義はできなかった。その原因として、進歩的観念が実際の政治権力や社会状況と密接に結びつくものであったこと、また個人の自由の尊重と制限されるべき政府の権力という観念に対応するだけの理論を育成できなかったことなどが挙げられる。

つまり進歩主義は関係性に重心をおきすぎた結果、そこに生じるジレンマに耐えきれなくなったのである。進歩主義的改革の立場はともすると、少年裁判においてかえって当事者である少年自身の権利を侵害してしまうようなケアのあり方、換言すればパターナリズムによる弊害をも正面から認めてしまうことについて、十分に自覚的ではなかったといえる。進歩主義が衰退するとともに、その弱点であるパターナリズムによる専制の可能性を払拭するかたちで、今日のリベラルな権利は展開してきたともいえよう。

②フェミニズム　進歩主義が衰退し、逆に自律的個人主義が制度上台頭するさなか、米国では公民権運動が

巻き起こる。[25] 特に米国におけるフェミニズム運動は、一八三〇年代以降女性の権利運動にはじまり、女性の参政権獲得にむけた運動として展開してきたことが知られる。一九二〇年、市民の性別を理由とする投票権の制限を禁じる米国連邦憲法修正第一九条の成立の後も、母性の保護および女性の労働条件の改善等にむけた運動は継続し、これらの積み重ねのうえに一九六〇年代以降の第二波フェミニズム運動があると考えられる。[26] 今日にいたるまでフェミニズムにもさまざまな立場があり、歴史的経緯を含め全体を語ることは困難であるが、ミノウの理解にもとづきここでは「関係性」との関連にしぼってこの立場について取り上げる。

自律性が十分でないという意味で、女性を男性より劣った異なる存在として社会を構成する主体から排除する思想とその事実に対して、フェミニズムは批判を展開してきた。同時にその発想が社会のどこに潜み、社会構造を決定しているのかを明らかにすることによって、社会の改良策を知ることができるという意味で、フェミニズムは社会構築主義にもとづいているといってよい。自律型の権利アプローチは、正義の論理という一つの評価基軸による道徳的発達理論――男性を範型とする――と整合的であり、自律的個人の権利意識のもとで構成される社会の前提とされる。これに対してギリガンは、自律性とは異なる道徳発達の評価基軸もありうることを提示した。主として女性を範型とする発達理論と整合するケアの倫理という評価基軸が、正義の論理と等しくありうるとした。正義の論理偏重のゆえに欠落した考え方への批判がむけられ、[27] これに代わる「ケアの倫理」という評価基軸が、フェミニズムを支える一つの基軸として展開することになる。

フェミニズムがとった二つの戦略を確認しよう。第一に自律性の観点から女性を劣位とする想定への挑戦であり、第二にいわば「分離すれども平等」を正当化する発想と実践への抵抗である。[28] フェミニズムはこれらの想定を掘り崩すべく社会的実践に取り組み、理論構想を展開しようとしたのである。

この取り組みにあたってフェミニズムは、生物学的性差とは区別された社会的に構築された役割としての「ジェンダー」の概念を社会科学に導入する。[29]この概念の導入によって、ジェンダーの視角をもって社会構造を分析できるようになった。つまり、性差は本来的なものでなく、固有でもなく、変えることのできないものではない。編集可能な、人工的な産物であるとすることで、生来の差異にもとづくさまざまな法政策上の規定が、実は可変的であることを積極的に論じられるようになった。この議論によって、構築された既存の社会秩序の初期条件は変更を迫られる。きわめて実践的かつ革命的な議論であった。

この「差異」の議論は、暗黙の内に想定された、人はみな普遍的、一般的に同一の権利を一様にもち、みな互いに対等であるという地点からの平等の観念にもとづいた権利を機能させようとしてはいない。さまざまな差異ある者どうしの関係性にもとづき、互いの対等性を前提しないという視点から法と権利を捉えようとしている。しかしながらこのように差異の議論が女性性と接続して語られれば語られるほどに、他方で女性の内部に同一性ないし共通性をそれだけ強く主張することになるというジレンマを引き起こす。すなわち、女性に対する抑圧は、既存の初期条件を基盤とする平等基底的な（男性的な）権利についての思考方法からなる「暗黙の想定」のもとで、さまざまなかたちで編み込まれているのであって、決して均質なものではないとしておきながら、他方で、女性の「共通性」を基底としたこちらも単一の評価基準を用いる、という戦略に親和してしまった、あるいは親和するように見えてしまったのである。

本来「女性の経験と視点は、より共感的で、より創造的で、より優れた法と社会的実践の理論を構築するための際立った資源を提供するもの」であり、この点で現状の改革・打破という実践的解決にむけた活動としての重要な意義が認められる。一方で、「性差の認識を、その分断に沿った排除や劣化」と位置づけ、これを掘り崩すという理論的戦略は、現状に蔓延する価値観にもとづくカテゴリーの単純化の罠に、フェミニズム自身を陥らせることにつながってしまった、ともいえよう[30]。

女性というグループの内部にも、抑圧される少数グループは存在している。彼女たちに対して多数派フェミニズムは、フェミニズムが批判をしている眼前の社会と同様の抑圧的態度をとってしまったともいいうる[31]。あるいは「差異」をむしろ賞賛し、それ（女性の権利）を特権化することにより、女性の主張が、既存の男性による自律型の権利アプローチと同じ方法論を採っているという批判と自己矛盾に対して、必ずしも十分な対応を採れなかったともいえよう。

この点についてミノウは、そもそもカテゴリーによる単純化によってはリアルな差異を救い出すことはできず、リアルな差異をめぐる、政治的、経済的、社会的闘争のなかからこそ被抑圧者である女性を救い出しうるという点への十分な理解がなかったところにフェミニズムの失敗があったと捉えている。

このように自律的個人を前提とする権利のアプローチに対抗しようとする試みとして、相互性とケアの倫理を軸にした関係性のアプローチが提唱されたものの、進歩主義は関係性のアプローチに接近しすぎたことによってかえって相互の関係性を活かす理論へと結びつかなかった。またフェミニズムは、逆に権利アプローチに接近したことへの自覚の欠落があった。それぞれ「リベラルな権利」の主張に対して、関係性のアプローチの重要さを主張しつつも、決定的な批判と代替理論の提示にまではいたっていない。

では、権利のアプローチによっては把握しきれない問題に対して、どのようなアプローチを採るべきであるのか。この問いについて、ギリガンのもともとの意図、すなわち正義にもとづく権利の言説と、ケアの倫理にもとづく女性の声とは、二つの声のハーモニーを奏でるというところに、いまいちど立ち返るべきではないか。

ミノウのテーマは、個々人がもつ他者との「リアルな差異（difference）」を法的分析の対象として捉え、しかもそれは個人の総体にとって部分的である、というかたちで差異を捉えようとするところにある。そうして、差異が差別へと転化することに対する認識と、これを是正しうる法のあり方を検討しようとする。ゆえに、自律的個人主義のもとで前提とされる抽象化された個人像ではなく、各人の属性を組み込んだ個人像を前提とする。さらにそれを初期条件とする個人の尊重アプローチを採用する。このことは、彼女の主著'*Making All the Difference*'（状況を一変させる）というタイトルによく表れている。

ミノウの議論は、自律型の権利のアプローチのもとで想定された社会における「暗黙の想定（unstated assumptions）」に着眼することにはじまる。「暗黙の想定」では、たとえば、多数者集団を「正」、少数者集団を「異」として二項対立化し、一人一人の「差異」あるものの見方（パースペクティブ）を視野の外においてしまう。ミノウはこのような想定を抽出し、この想定によって事実として存在する「差異」を「差別・被差別」の関係へと転化させているという問題構造を明らかにすることを試みる。そしてこの構造の状況は一変させるべきであり、これを支える理論の構築を目指そうとする。そこでこのような差異のゆえに見過ごされている異者、すなわち「差異」ある少数者を、法的空間における主体者とする手法として、「関係性のアプローチ」を採用する。

すでに自律型の権利アプローチの弊害を指摘したが、以下ではなぜそのような弊害が生じるのか、この権利アプローチの構造上の問題点を指摘し、同時に「関係性のアプローチ」の特色を示したい。(32)

3　差異の源泉——差異のジレンマと五つの暗黙の想定

ミノウの研究の中心は「差異」の法的把握にあり、なかでも彼女が克服しようとする問題は「差異のジレンマ（The Dilemma of Difference）」である。彼女の論じる「差異のジレンマ」とは何かを理解するために、事例を挙げてみよう。

米国のある公立学校に、第一言語を英語としない少数派の生徒たちがいるとしよう。彼／彼女らは英語を十分に理解できないため、通常英語でおこなわれる授業を十分に理解できない。そのため彼／彼女らは教育プログラムへの参加について、適切な平等の機会を奪われていることになる（結果、少数派生徒たちの成績は芳しくなく、学校生活上、また将来の進路選択上も不利益を被る）[33]。

この問題に対しては、二つの対応が考えられる。一方は、英語が十分に理解できない生徒（少数派）に対して、正課に追加的な特別英語補習プログラムを受講させ、そのうえで通常授業を受けさせることによって平等を回復しようとする方法である。他方は、通常授業を多数派の生徒と当該の生徒とを含め、両方の語を並立して用いる教育（バイリンガル教育）をおこなうという方法である。

しかしいずれの解決法もジレンマをはらんでいる。前者の解決法は、英語能力を教育評価の指標の前提としている。このことは英語を第一言語としない少数派の生徒に対して不利に働く。結果的に少数派であった彼／彼女らが、当該学校・クラス内において英語能力が十分でない点で固有に異者であることを強調し、その結果彼／彼女らの少数派としての自尊心の欠落につながることになる。他方、後者の手法によるとしても、少数派と多数派という数的構図は、成績評価等において多数派優位がより鮮明になると考えられ、結果的に両者に序列化が進む危険性が指摘されよう[34]。したがっていずれの解決法を取るとしても、少数派が教育を受ける権利の尊重を図ることによりかえって差異を表出し、差異の差別化を創出してしまい、問題解決に結びつかないというジレンマ、すなわち「差異のジレンマ」が生ずる。(35)

この「差異のジレンマ」は、学校における言語教育の例のみならず、女性の雇用、障がい児童の登校する学校に関する問題等についても同様に生じている。私たちの社会では常にこれらの問題を創出する可能性が秘められ、かつ現に創出されつづけていると彼女は論じる。(36) いうなれば「差異のジレンマ」は、少数の差異ある者と多数の者とを平等に取り扱おうとする場合に、常に生じうるジレンマなのである。そして、法的思考にもとづき問題解決をすることは、「個人個人をさまざまなカテゴリーに割り当てる」ことで問題を単純化して把握せざるをえず、この「差異のジレンマ」は、法的問題解決をおこなう以上、常に生み出される可能性がある。

このジレンマを生み出す前提としての「カテゴリー化」の手法は、私たちが通常おこなう言語活動のなかにも認められていることからもわかるように、それほどに恒常化している。ものごとをなんらかのカテゴリーに割り当て、あてはめることによってものごとを単純化する活動が、法的語彙をもって問題を分析する法的空間内において主要な役割をはたしていることは明らかである。しかし、カテゴリー化が硬直化してしまっては、単純化の効用を上まわる問題の矮小化という負の側面をもたらす。(37)

これまで法的思考を基盤とする法的空間においては、こうしたカテゴリー化の正の側面（単純化の効用）に重心をおいてきた。しかし、カテゴリー化自体が差異のジレンマをはじめとする負の側面を生み出すことを看過、あるいはこのことから目を背けてきたのではないか。むしろ、この負の側面をカテゴリー化によって克服可能であるとの前提に立ち、カテゴリーの仕方に偏重した関心をもちつづけてきたというべきかもしれない。

この負の側面を語るにあたってミノウは、カテゴリーによる分類が、次に示す五つの「暗黙の想定」のもとでおこなわれており、この五つの想定があるゆえに、差異のジレンマを創出するのだと主張する。そしてこの想定は「差異の源泉（source of difference）」と位置づけられる。[38]

暗黙の五想定
（1）差異は比較によるものでなく本質的である
（2）前提となる規範は述べられる必要がない
（3）偏向のない観察は可能である
（4）別の観点は重要ではない
（5）現状は、自然で、非強制的で、もっともなものである

以下、上記五つの「暗黙の想定」について概観する。

（1）差異は比較によるものでなく本質的である
まず法律家がおこなう法的分析の基本的方法とは何であろうか。与えられた状況が、法的ルールによって定義されたカテゴリーに「一致する」かどうか、その「類似性」と「差異」とに着目することである。「これはそれなのか（それに属するのか）／それではないのか」という問いを立てることから法的分析ははじまる。「類似性」と「差異」とへの着目は世界を組織化するにあたっての基本的な認知プロセスであると考えられるが、これは過去の例と新たな例、あるいはこのケースと他のケースとを比較することによってはじめて理解が可能

になる。

問題が生じたとき、どのようにして「差異」（あるいは「類似性」）があるものとしてその対象を捉えるかは、特に裁判所によって下される法的判断のあり方を理解するうえで非常に重要な点である。そして、「差異」と理解するための線の引き方に、注意を払う必要がある。①当該個人ないしグループが、本来的に固有の「差異」を有する人ないしグループであると解するように「差異」を発見するのか。あるいはまた、②さまざまな「差異」を人間は有していることを認めたうえで社会における差異のパイを大きくするという理解のもとで新たな差異を発明するのか。いずれの態度をとるかは当該社会を構成するものの見方（パースペクティブ）の根本にかかわる重要な点である。(39)

①発見の立場は、差異を当該人間ないしグループに固有の本来的な差異があると理解する立場である。その差異が発見されたならば、そこから人は逃れがたい。したがって社会で異者に対する不平等の取り扱いを是正するためには、特別の取り扱いをすることで正常人グループに統合する、あるいは正常に位置づけられる多数派と異者（少数派）グループとを中立的な視点から並立に捉えるという方法でこの問題に対処することになる。しかし、もともと差異を逃れがたい固有のものとする理解のもとにある以上、このような対応策を採ったとしても、正常者対異者という二項対立の構図はそのままに、また時に陰湿に残存する。社会における差異のパイに増減はなく、常に通常人と差異ある者との二項対立の図式は崩れることがない。

これに対して②発明の立場から新たに発明される差異とは、事実としてさまざまな差異を人間が有し、しかもそれが人間総体にとって部分を構成するとの理解にもとづく。差異は部分的であり、しかも本来的に実体化するものではなく、どのような差異が存在するか否かは発明しだいである。差異の潜在性とその創造性とを前提とするならば、二項対立の図式を維持する必要はなく、社会における差異のパイ自体が大きくなる。「差異のジレンマ」から脱するためには、固有の差異という差異理解から脱しなければならない。したがって公的にこのような理解を助長しないよう差異を取り扱う必要があるといえる。しかし、先の進歩主義やフェミニズムの運動がさかんであった米国における諸法律は、この点を明確に示してはこなかった。言語教育の例でも、多数派言語である英語を話すグループと少数派言語を話すグループとのあいだで、両者の差異に対してどのような態度で望むべきか（発見か、発明か）、どのように各人の「差異」を認め保障することによって両者の平等を実現していくべきなのかを明確にしないまま、両言語による教育を並立させる方針を立てたにすぎない。(40)

こうした認識は次のような理解へと接続する。差異を固有のものとして発見する態度をとることは、差異を差別へと転化させる傾向がある。なぜなら発見された差異は、当該個人（グループ）にとって固有のものと認識されるため、その差異からは逃れがたく、正対異の対抗関係が崩れる契機を失うからである。しかも法はこの「差異」の捉え方に対して、歴史的、構造的に十分な理解を示してこなかった。そのため多くの場合で、法は差別への転化に荷担してきたとも考えられる。

このような想定が創出される要因として、さらに次に示すような想定に目をむける必要がある。

（2）前提となる規範は述べられる必要がない（暗黙の規範）

ある一部の事象を全体のなかの一部として捉えるのではなく、全体を象徴するもの（いわば「標準」）と捉えたうえで、これを評価する価値基準を明示せず、暗黙裡に採用することを意味する。(41) したがって、差異が発見されると、その者はある支配的な「標準」という基準に達しない異者として社会内に位置づけられ、避けがたく「異なる」人ないし集団、標準に達していない存在と認識されるのである。

たとえば妻が専業主婦である男性をモデルワーカーとする労働社会の雇用現場を想定してみよう。その社会には、家事を担う妻を配偶者とする既婚男性が「暗黙の規範」と前提され、その前提のもとで明示的な規範が作り出されている。家事を担う妻という前提がある以上、雇用現場ではそもそも育児休暇の必要性が生じない。あるいは深夜労働などの労働環境規制についても、解決されるべき重要課題として俎上にあがる可能性は低い。そこに家事をし、妊娠の可能性がある、男性とは異なる社会的・身体的機能をもった女性が構成員として加わった場合、その存在は暗黙の想定のもとで策定された従来の明示的規範（法律）の基準からは外れた差異ある者と位置づけられる。それまで通用してきた明示的規範は、暗黙の規範を背景として、家事をしない、妊娠をしない、女性とは社会的・身体的機能の異なる男性の視点から作られた規範である。しかし、女性の特性を、本来的な固有の「差異」と解するならば、女性はその特性によって逃れがたく非標準・異者と位置づけられる。これにより、明示的規範に外れた存在であると位置づけられるにとどまり、それを作り出した暗黙の規範を問い直す契機自体が失われてしまうのである。

この「暗黙の規範」に対する法的空間における認識と理解は遅々としたものである。「暗黙の規範」とは何か、その暗黙の基準点を明示することが、なぜ「差異」が生ずるのかを解明するうえでの貴重な最初のステップである。

（3）偏向のない観察は可能である

それではなぜ（1）（2）のようなことが生じるのか。人はあるものの見方に偏向しない判断を下すことが可能だという前提に立つからである。すなわち人はなんらかの不平等状態が生じているとの訴えがあれば、その状況を改善すべきか否かに対して、私益とは切り離して、中立的な観察眼で決断が下せるという前提である。そのような観察眼があれば、一定の手続きにしたがって下された決断は、中立的で、偏りのない結論となっているはずである。多数の者がそのように判断する以上、その判断は偏向のない観察にもとづいた結果なのだ、ということになるのである[42]。

しかしながら、ここで論じられる偏向のない中立な基準という規範自体が（2）までで論じた「暗黙の想定」規範によって構築されていることを理解しなければならない。多数派の視点が、偏向のない視点であることには、なんら必然性を見出すことはできない[43]。

（4）別の観点は重要ではない

暗黙の想定を支える（1）～（3）に示されるものの見方・考え方（パースペクティブ）は、暗黙の想定にもとづく規範を強化し、さらに規範は再生産されていく。そうすると、他のパースペクティブがその規範創出のサイクルに介入する余地は失われていく。これを指してミノウは、あるパースペクティブを絶対化する、つまり他のパースペクティブは重要性が低い、あるいは重要性がないとされ、無視ないし隠蔽されてしまうと主張する[44]。

無論、他のパースペクティブを完全に理解することは不可能かもしれないが、何が暗黙の内に想定されているのかを知り、それを明らかにすることは、既存の規範の意味を知り、改善の必要性を知るにあたっては有効な試みである。[45]

（5）現状は、自然で、非強制的で、もっともなものである

上記（1）～（4）では、差異の源泉としての「暗黙の想定」および差異の本質性という認識の下で生ずる多数派によるパースペクティブの絶対化といった負の部分を論じた。これに対して暗黙の想定を負った、そして一つのパースペクティブ下にある規範の存在する現状、つまりは「現状の重み」に目をむけてみよう。

今ある制度や言語は、すでに世界を形作っているのであり、何を差異とカウントするか、また誰あるいは何が比較対象として重要であるのかについての姿勢はすでに現われているのであり、再生産されているのである。[46]

こうした想定は、そもそも統治に際して要求される「不偏ないし中立性」にもとづいて構成された現状という初期条件とともにある。また現状は強制されることなく個人個人の自由な選択によって形成されたという理解にもとづく。つまり多数派が決めた規定のもとでは、誰もがそれを現状の事実として受け入れているのであって、誰にとっても不当な負荷ではないとする理解である。したがって、現状の変化を目的とするような（統治）行為は、不偏ないし中立性、公序の維持、ひいてはそれらにもとづく自由へのコミットメントを浸食するという理由で、警戒ないし拒否すべきだということになる。そのため現状を変化させ、各人が有する「差異」を尊重するという現状変更は時に、社会的秩序の安定に反することになるゆえに、積極的な取り組みとはなり

にくい。

しかしながら、公序の維持それ自体が、「暗黙の規範」にしたがってデザインされた「不偏ないし中立性」にもとづくものであることを忘れてはならない。たとえば、移動に車椅子を使用するという側面をもつ人を、身体上のハンディがある障がい者というカテゴリーへ全面化するのではないものの見方（パースペクティブ）があることへの気づきが、しばしば阻まれる。彼／彼女の活動を妨害する測道のカーブや階段は、中立的でも自然でもなく、人工的に作られた障害物である。これを緩やか、あるいはスロープにすることは、「ある側面」で「差異」ある人々を、ある側面でのみ差異ある人として受け入れる具体的な活動といえよう[47]。

三　関係性のアプローチ

1　脱「暗黙の想定」の営み

差異のジレンマから脱するためには、差異のジレンマを生み出しているこれら五つの想定を突き崩さなければならない。最も重要なことはすでに明らかになっている。

第一には、差異を本質的に固有のものと解し、発見の対象としていることからの脱却である。なんらかの差異を有する者が、その総体を異者と位置づけられるということこそ、差異を差別へと転化させる重要な要因となっている。加えて先の暗黙の想定が問題をさらに複雑にしているにもかかわらず、むしろ明確かつ単純な差異の差別化への道筋を構築している。

社会の初期条件となっている暗黙の想定はその性質上、無意識下で機能する。この無意識性は、「暗黙の想定」をさらに隠蔽し再生産する構造を作り上げてきた。このことは、社会的な諸事に対して決定権を有する者たちにとどまらず、社会全体が暗黙の想定を固有のものと解し、よってこの「想定」を維持しようと作用することを意味する。その帰結として「差異のジレンマ」を創出する「暗黙の想定」と、差異の固有性にもとづく「ある特定のパースペクティブの絶対視」とが、相互にそして強固に補強されつづけるというサイクルを生み出している。

ここで示した問題の構造は、ミノウが最も危惧する「暗黙の想定」の専制を助長し、「差異」の問題構造をさらに複雑にする。自由な社会において、自律の尊重がきわめて重要な要素であることは否定できないが、人間相互の「関係性」から権利を考える権利のアプローチを、いまいちど捉えなおす試みが求められる。そのために、従来展開されてきた自律型の権利の観念への懸念から、「権利のアプローチ」自体を批判し、その限界を指摘する議論がある一方、あくまで法的問題を取り扱う法理論として関係性を起点においた権利のアプローチという戦略もありうる。ミノウの議論を取り上げる意義は、後者のアプローチを採ろうというところにある。

ここで権利アプローチと関係性のアプローチとが交錯する事例を挙げ、検討してみよう。取り上げる事例は、積極的差別是正措置（アファーマティブ・アクション）である。(48)

ミノウの「差異のジレンマ」論を借りれば、次のように論じることができると思われる。少数者に対するさまざまな抑圧が現に存在していることは否定しがたい。この事実に対しては抑圧解消の施策が求められる。しかし抑圧の中身は非常に個別化しており、また抑圧を生んでいる差異自体の捉え方の多様性という問題もある。つまり第三者はもちろん当事者においてもなお、当該問題の抑圧性がどのようなものであるのかを画一的に決定することは困難である。また画一的に決定することは、いまそこにある抑圧をなんらかの典型的な抑圧の形式に変形させることになる。

具体例として、大学入試選考に際してのアファーマティブ・アクションの適用を考えてみよう。歴史上長きにわたり恒常的に抑圧にさらされてきた黒人やヒスパニック、アジア系を典型とする、ある特定の人種的マイノリティ集団について、人種に関する情報を用いて他の受験生とは異なる合格評価指標等を組み込んだ入試制度を導入し、一定数の人種的マイノリティの入学者数を得ることによって大学内における多様性の維持を確保する。この制度のもと、ある人種的マイノリティ集団に属する者が大学を受験する。制度の適用により形式上当該の受験者は社会的圧力から解放されることになるのかもしれない。しかし当事者である彼・彼女自身がそれまでの人生で負ってきた「抑圧」は、その制度が想定する「抑圧」――大学受験におけるアファーマティブ・アクションによって回復が望まれる抑圧――であるのかどうか。あるいは先の語学教育の事例と同様に、差異が差別へと転化する契機を、アファーマティブ・アクション自体が創出しないとも限らない。

差異の部分性・複数性を明確にしないままにアファーマティブ・アクションのみを制度として用いるならば、多数派対少数派という二項対立の図式を崩さないままに、多数派に人種的マイノリティを統合することを意味しかねない。かえって内的に不当な差別に親和的な差異の創出を助長することにもつながろう。つまりアファーマティブ・アクションは、ある固定された差異のみの解消を目指し、ある差異に対してのみ適用されようとするならば、事実そこにある抑圧の中身を変形することによって、被抑圧者の抑圧が捉えられないままに、少数者が被る一般化・形式化されたいわゆる抑圧問題しかなかったこととしかねない制度となりうる。アファーマティブ・アクションの難しさはここにある[49]。したがって暗黙の想定が機能する社会において、当該のコミュニティの中で異なる異者として排除したり特別の地位を与えたりするのではなく、等しい主体であると当事者の権利主張を可能にし、これを受け入れる法制度的手当についての検討が求められる。[50]

このような立論に対しては、司法・立法に対して根源的な批判的な立場をとるリーガルリアリストらによる異論もありえよう。リーガルリアリストは、裁判所や議会が組織的に一部の人々の（家族内関係においては家長の、人種的多数派と少数派とのあいだにおいては多数派の、企業と雇用労働者との関係においては企業の）自由を、異なる者たちである少数派の人々の自由よりも優先し、にもかかわらず法の規則における中立性を見せかけている、と主張した。司法・立法は、これら人種や性別等の差異ある者たちの自由を脅かすものとして、痛烈に法に対する批判をおこなう。[51]この批判を法理論として真剣に受け止めるならば、さまざまなケースに対する一切のカテゴリー化を否定し、イージーケース、ハードケースの別なく「暗黙の想定」を懐疑し、打破・破壊することによって、常にゼロの状態から新たな明示的法のあり方を構築すべきである。換言すればそれまで維持してきた社会の背景となるパースペクティブの打破を、法の第一義的な目的とすべきだ、と。

しかし既存の秩序を一気に破壊することが法のあり方として適切なのかどうかは疑問である。[52]法規範はそれぞれが個別に独立しておらず、正義探求の名のもとで一定の体系性を維持している。この体系性の維持に加え、法の最も重要な機能の一つと認められる予見可能性といった静態的側面は、法の信頼性創出の装置である。これを放棄することが健全な社会を構成するとは考えがたい。社会変動にかかる小さくはないコストは、多くの場合、脆弱な者に強く作用することはつとに知られる。法にはダイナミックな社会変動を生み出す動態的力があるとしても、その点は変わらない。[53]

ミノウはリーガルリアリズムがもつ、法概念およびその機能と役割に対する破壊的アプローチを全面的に導入するのではなく、権利概念を用いたカテゴリー化とその維持に一定の理解を示す。しかしミノウによる法解釈方法は、多分に破壊的（脱構築的）でもある。なぜならミノウは、暗黙の想定下で差異が差別へと転化し、この差別を解消すべきことを目論むからである。必然的に既存の法、既存の判例への批判の意識が強く現れている。そこで以下では、ミノウがリーガルリアリズムの立場を全面的には受け入れておらず、関係性アプローチと権利アプローチとの結合を企図していることに着目して検討しよう。

2　関係性の権利：リベラルな政治理論と制度としての家族

人はおのおのに部分的な差異のある人間であり、関係性のアプローチは、そのような個人像を前提とする。差異そのものを固定化につなげるべきではない。なんらかのカテゴリーを用いるとき、文脈上、あるいは社会的な条件上、しばしば不当な暗黙の前提下にあるゆえに、差異が固定化し、ひいては差別へと転化しているのであり、したがって差異ある者を排除し、分断に接続する種類の集団を生み出しているのではないかと懐疑しなければならない。差異は文脈、あるいは社会的な条件によって規定され、当該差異は人間が他者との接触のなかでさまざまに形成される。この点で、一定の価値や目的の共有などを前提とするコミュニタリアン的な共同性と、ここで論じる関係性とは一線を画する。

差異を基底とする関係性は、異者を排除しないというつながりを意味している。このような差異基底的関係性を構築するための条件、すなわち脱「暗黙の想定」のための条件として、（a）被抑圧者たちに対するスティグマを外す、（b）視点の多様化の要請、（c）脱二者択一的思考といった点が、関係性のアプローチの重要な要素となると考えられる[54]。なかでも（b）視点の多様化は、それ自体差異の承認を意味することから、特に関係性のアプローチの中心に位置づけられる多様な差異を、普遍的観念である権利と問題のカテゴリー化を重要な機能とする権利アプローチのみによって把握することは困難といえよう。しかし同時に関係性のアプローチは、規範理論上致命的な問題を抱えていることを指摘しておかなければならない。関係性のアプローチは、視点の多様化の促進をその戦略の中心に据えることにより差異を複数化し、社会的な差異のパイを大きくすることを試みるが、法がはたすべき主要な役割の一つである紛争解決に際して、当該問題の争点を不明確にする危険性が高くなるのである。ミノウ自身もこの点に自覚的であり、それを克服することを目して、彼女は関係性のアプローチに、権利アプローチを導入しようと試みる。それは強い個人にもとづく自律型の「権利」観ではなく、他者とどのような法的関係を構築するのかという関係構築的「権利」観にもとづく。ミノウは共著論文でこのような法的関係構築の根本的あり方を示すにあたって、家族の法的な位置づけ方に着目する。(55)

家族という存在を公序のなかで位置づけることは、難題である。家族はただ自然的ないし前政治的存在として一様に位置づけることはできない。家族の私的特性と公的特性との緊張関係については、十分な理解を要する。(56)一方で財産権の取り扱いに関する夫婦別産制の導入は個人主義的発想にもとづくと考えられ、他方で「児童虐待防止法」や「配偶者からの暴力の防止及び被害者の保護に関する法律（DV防止法）」の制定は、むしろ家族が自由な意思にもとづく結合関係だとは必ずしもいえないことを前提に、家族内部の権力問題の解消・解決が意図されている。家族内に司法の積極的介入が要請される形式を採用していることは明らかであるが、その目的や機能は一様ではない。自律的個人主義の導入と、高度のプライバシー性をもち個人を個人として尊重し育む場としての家族関係を保護するという、両者の維持と促進を確保することの難しさは、近時いっそう深刻さを増している。ミノウもこのような困難を念頭において、家族関係を法的にどのように捉えるべきかについて検討している。

この検討をおこなうにあたり注意しなければならない点は、ミノウがなぜみずからの関係性の権利アプローチを論じるうえで家族に的をしぼったかという問題にもかかわる。もちろん、家族関係にかかわる問題を扱うことが関係性のアプローチを主張するにあたり説得力をもつことは、容易に考えられる理由である。しかしこれにとどまらずミノウは、家族法という私たちの社会で現実に機能している実定法を用いて、家族法における家族の位置づけ、およびその構成員が有する権利の概念の見直しを、関係性のアプローチからおこなった。それは家族の法的な位置づけの問題を、法的空間における特殊な問題――時に家族が自然的ないし前政治的存在だとする理解に依存する――としてではなく、実定法体系全体における権利概念の基本構造にかかわるものとして提示しようという、きわめて野心的な試みと解することもできるし、またそう解すべきである。(57)

ミノウらは従来の家族に関する法・政治理論上の位置づけを、以下の三つに分類している。(58)

①契約基底的理論　家族を私的契約関係と位置づける立場。ゆえに個人の自由権を中心とした、自律的個人像を前提とする権利観で捉えられる。家族を契約的に捉えることで、従来その位置づけが困難であった血縁関係と結びつかない家族を、新たな家族観で捉えることが可能となる。(59)

しかしこの立場に立つと家族関係内にある非契約的相互関係性を捉えきることはできない（親の子に対する保護、養育は、契約によって説明されつくされるかが問われる）。(60) また私的契約関係という位置づけである以上、公序の観点から妥当しない契約内容をも私的自治の原則のもとで契約内容に含むことを妨げにくくなり、個人の尊重という観点から望ましい家族形態を構成するか否かもまた、問われる。(61) 加えて差異のジレンマから逃れる契機は、契約そのものには存在しないと考えられる[62]。

②共同体基底的理論　契約基底的理論とは逆に、公序の観点から家族を捉えようとする立場。ただし歴史的に見てこの観点が強力であったために家族制度内における性別役割分業が固定化してきたことは否めない（女性のパースペクティブが軽視されることにつながりかねない）。この反省とともに、共同体内におけるよき家族像という価値観を共有することの困難さと問題点が残される[63]。

③権利基底的理論　契約基底的理論は契約の自由の名のもとに自由権中心の権利観が前提されたが、権利基底的理論においてはそのような権利観を採用する必要性はない。むしろ、従来の権利アプローチの反省のうえに立ち、相互が片務的に個人を尊重する責任を有する互酬的関係性を軸にした関係性の権利論を展開することによって、より豊かな権利アプローチを構築することが可能となることを強調すべきとされる。ミノウはこの立場に与する。

これら家族に対する三つの捉え方はいずれも、大きな社会状況の変化と、階層的な不変的実体としての父権的家族というコモンロー・パラダイムの崩壊という、二つの変動に直面したなかで、近代法体系において家族をどう位置づけるのかという難問への取り組みを投影する姿でもある。

では、「家族」の定義に対する普遍的合意のないままに、正義にかなう法はどのようにして可能であるのか[64]。家族の取り扱いで特に問題とされるのは家族の二つの特性、すなわち（a）相互に独立した個人でありながら、相互に特別の関係性によって担われる家族、（b）国家の介入から保護される主体としての家族、である。この二つの特性をもつ家族を法的に把握するために、上記③の（再考された）権利アプローチ、すなわち関係性の権利のアプローチは提示されたのである。

すでに述べたとおり、関係性のアプローチのみでは差異の複数化が直接の目的となるために権利の確定が困難になってしまう。そこでミノウは、関係性の権利アプローチを提唱して他者との関係を構築する「権利」の画定（意義と機能の明確化）を目指そうとする。そして、この「権利」の理論では、関係性と権利・義務・責任とを結びつけるために、まず周縁におかれた人々が議論や決定に影響力を与えられるかたちで参加することが要請される、という戦略をとる。

具体的事例とともに検討を試みるにあたり、米国の文脈に特化しない規範理論化の可能性を考え、日本の状況をふまえて筆者が挙げる事例で検討する。

家族の制度的問題を考えるうえで検討するに相応しい事例として、生殖に関する規律の問題がある。ここでは、カップル外の第三者女性の出産によりカップルが子を得る代理出産を挙げよう。わが国では代理出産を直接に規律する法令はなく（二〇二四年時点）、長らく不妊治療等を含む生殖に対応する医療者の多くが会員である日本産科婦人科学会において、当該学会会告によって規制されてきた（認められていない）状況にある。

代理出産は、わが国でも実施例があり、国内の斡旋業者の存在も知られている。あるいは国外でカップル外の第三者女性による妊娠・代理出産の後、日本に子どもを連れてきてカップルの子どもとしようとする事例、また実子としての戸籍申請をおこなう事例も生じていることは周知のとおりである。

代理出産においては時に、不妊のカップルの子を産む契約をした代理出産女性が、契約に反して生んだ子どもを不妊カップルに引き渡さず自分の手元におこうとした場合（ベビーM事件(65)）や、障がいがある等の出産児の状態によりカップルが児を引き取らないという事態(66)など、契約当事者間のトラブルも報告される。この場合、契約基底的に捉えるならば、依頼カップルと代理出産女性は、契約の当事者として契約にもとづいた権利・義務を有する。したがって出産後は、契約内容に沿って子どもの引き渡しと引き取り、報酬の授受をすることになり、両当事者の契約意思に反するおのおのの行動は契約違反となる。[67]その後の子どもの養育に関して、契約に取り決めがないかぎり、代理出産女性はまったくの部外者であり、関与する余地はない。

しかし再考された権利論、すなわち関係性の権利アプローチのもとにこの例をおいてみると、問題の構成は変化する可能性がある。すなわち単に当該契約に完結することなく、代理出産契約をした当事者双方と、子どものそれぞれの関係性を考慮に入れ、どの関係に、当該子と向き合い責務をはたすべき特別の関係性が認められるか、との観点から、誰が養育権とその義務を有するのかを考察するという視点が得られる。契約当事者のみの関係から生じる権利・義務関係ではなく、法的主体としてこの社会に生まれくる子の生命・身体の安全を保障する関係の構築という観点から、第一義的に誰にどのような権利義務が生じるのかを検討できる。さらにいえば、妊娠女性の身体的統合性を保障する関係の構築の視点などから、社会はそもそも代理出産を許容してよいのか、許容するとすればどのような規律のもとにおくべきであるのかを検討する契機を創出するということができるかもしれない。

この例により、権利義務の画定に対する関係性の権利アプローチの方法がうかがえるだろう。契約当事者のみの関係に閉じるのではなく、それをとりまく諸主体の関係性をもとに構成された権利義務の主張が認められうる。社会は必ずしも固定したかたちでは秩序化されない。権利義務関係を画定するにあたっては、契約の表層で明示的に示された権利義務や、それを支えている政治的・経済的社会状況（具体的には政治的決定をおこなう際の多数派や職場における管理的立場に携わる多くの割合を占める一定のモデルで構築された既存のパースペクティブによって構成される社会状況）のみを考慮要素とすべきではない。それ以外の重要な考慮要素であるなんらかの特定の関係性と、そこから生ずる各人の権利・義務ないし責任といった「生ける（vital）」要素によっても、あらゆる権利義務関係は大きく左右される。この種の関係性には、近親者・近隣者からはじまって、さまざまな集団、ひいては見知らぬ人とのあいだの関係性までをも包含する可能性がある。無論、法的関係を明らかにするうえで、法的検討の対象とすべき関係性は一定の線引きをする必要がある。

この点について、ミノウは（事例として論じはするものの）必ずしも判然と論じておらず、「生ける」要素としての特定の関係性から生じる権利・義務ないし責任の概念に関する検討が十分にはなされていない。そのため、さらなる検討が必要であり、次章でこれをおこないたい。ミノウは、社会を構成する差異ある人々の視角を得るべく、差異ある人々が社会的決定に参画することで、固定化した視角を捉えなおす思考と活動が可能であるとする。ミノウはこれを「正義の原理」と称する。そしてこの原理は、典型的には家族法内部に位置づけられ機能するとし、この原理を機軸とした近代法理論の捉えなおしとして、関係性の権利という権利概念の導出を試みる(68)。

現状の世界状況における家族の制度的な捉え方には、変化が見られるものの、依然として、ミノウがいう「正義の原理」が機能しない状況もある（家庭内における女性の家事・育児分担割合状況を考えてみよ(69)）。こうした状況をふまえた関係性の権利論の構想は、社会改革の試みであり、上述の再考された「正義の原理」にかなうかたちで家族法をはじめとする法体系を再構築することを可能にする政治的、法的手続きの確立にむけた企てである(70)。

家族法は、独立した個人であると同時に、相互に結びついた家族と関係を構築する個人を含む法である。そして家族法が前提とする権利の観念は、個々人の人間を区分する境界線を含むと同時に、相互の関係性をも規定する観念である。これは「関係性の権利」に特徴的であり、この構想は公序のもとで独立した個人が有する権利・義務・責任についての構想と相互の互酬的ケア関係からなる「関係性」とを結びつけるものなのである。(71)

注

(1) 自己決定権が機能する問題領域について、民法学者吉田克己によれば、①「公序の相対化原理としての自己決定権」、②「自由権としての自己決定権」、そして③「支援措置としての自己決定権」の三領域が挙げられている。①は、国家あるいは社会による一定の公序(=社会関係の強行法的枠組み)のもとで個人の意思が排除される領域(家族の基本的枠組みは厳格に規定されている等)において、今日この公序を緩和し相対化するためにその可能性が探られる自己決定権の領域と説明される。また③は、医療者と患者とのあいだにしばしば指摘される情報の非対称性問題において、患者が十分な情報をふまえて自己決定できるよう支援するために援用される自己決定権という領域と説明される。両領域は、本書が想定する「自己決定権」をイメージするにあたり一つの参考となる。吉田克己「自己決定権と公序——家族・成年後見・脳死」瀬川信久編『私法学の再構築』(北海道大学図書刊行会、一九九九)二四八—二八九頁。

(2) 具体的な問題のなかでも特に、人生の最終段階における医療上の決定問題の動向と個人の尊重との緊張関係を維持することの困難と危険をめぐっては、野崎亜紀子「〈ぼんやりとした〉集合的意思決定」日本法哲学会編『法哲学年報二〇二〇』(有斐閣、二〇二一)六八—七九頁。

(3) 臓器移植法成立にいたるまでの過程については、これまでに多くの紹介がなされている。臓器移植法成立の経緯、および臓器移植法の意義については各種観点からの多数の先行研究があり、筆者もまた論じた(野崎亜紀子「「法世界」における法律の運用——臓器移植法施行に際して」『千葉大学社会文化科学研究』二号(一九九八)三三一—三四七頁)）。法律制定当時の議論状況をもふまえて特に法哲学の角度から論じた研究として、江﨑一朗「臓器移植法と脳死法制化」日本法哲学会編『法哲学年報一九九六』（有斐閣、一九九六）一七二—一七九頁、嶋津格「臓器配分と正義問題」日本生命倫理学会編『生命倫理』八巻一号（一九九八）二九—三四頁、旗手俊彦「臓器移植法の検証——移植医療を支える倫理原則と公共政策の観点から」日本生命倫理学会編『生命倫理』八巻一号（一九九八）一〇〇—一〇四頁、河見誠「臓器移植法と現代日本社会」『青山學院女子短期大學紀要』五二巻（一九九八）一四九—一六四頁。

（4）中山研一・福間誠之編『臓器移植法ハンドブック』（日本評論社、一九九八）二七—三二頁。

（5）臓器移植法制定およびその改正内容、論点、検討課題について整理し、詳細に論じるものとして、町野朔・長井圓・山本輝之編『臓器移植法改正の論点』（信山社、二〇〇四）、町野朔・山本輝之・辰井聡子編著『移植医療のこれから』（信山社、二〇一一）所収の各論文を参照。

（6）自己決定権をめぐっては内外を問わず多数の先行研究がある。特に本書が論じようとするリベラリズム法学の基盤となる個人の尊重のあり方を考える視角を醸成し、以下で検討を進めるにあたり参照されるべき論考として、髙井裕之「医療における自己決定権の憲法論的一考察——アメリカ法を素材として」植木哲、丸山英二編著『医事法の現代的諸相』（信山社、一九九二）三四七—四〇八頁、巻美矢紀「自己決定権に関する一試論——共同体論の批判に対するリベラリズムの応答を手がかりに」『本郷法政紀要』六号（東京大学大学院、一九九七）三六五—三七七頁、斉藤寿「憲法上の自己決定権と私的価値——個人の自己決定の原理と枠組」『公法理論』二二巻（一九九七）二—二二頁、中山茂樹「胎児は憲法上の権利を持つのか——「関係性」をめぐる生命倫理と憲法学」『法の理論』一九（成文堂、二〇〇〇）一三—五七頁。

（7）第三章、前掲注（3）、Sandel,1998, 邦訳（二〇〇九）、Charles Taylor, *The Ethics of Authenticity*, Harvard University Press, 1922（田中智彦訳『〈ほんもの〉という倫理——近代とその不安』（ちくま学芸文庫、二〇一三））。

（8）マイケル・サンデル、チャールズ・テイラーほか、共同体あるいは社会的関係性の価値を重んじる理論（家）

のみならず、自由を基底とする法理論家であるロナルド・ドゥオーキン、アマルティア・セン、そして以下本章で取り組むマーサ・ミノウらもまた、「平等」に焦点をおいた議論を展開する。

（9）ヘロドトス（松平千秋訳）『歴史』（岩波文庫、一九七一）三巻八〇。

（10）千葉眞『思考のフロンティア　デモクラシー』（岩波書店、二〇〇〇）一八―一九頁。

（11）G.E. M. Anscombe, On Brute Fact, *The Collected Philosophical Papers of G.E.M. Anscombe, vol. III Ethics, Religion and Politics*, Basil Blackwell・Oxford 1981, 22-25.

（12）Ronald Dworkin, *A Matter of Principle*, Harvard Univ. Press 1985, 137（森村進、鳥澤円訳『原理の問題』（岩波書店、二〇一二）一八六頁）.

（13）John R. Searle, *Making the Social World: The Structure of Human Civilization*, Oxford Univ. Press, 2009（三谷武司訳『社会的世界の制作――人間文明の構造』（勁草書房、二〇一八））、特に第五章。

（14）一例としては、米国におけるアファーマティブ・アクション（以下ＡＡ）を挙げることができる。社会的に抑圧を受けてきた人種に属する人々に対して、積極的にこの差別感を解消するために用いられたプログラムとしてのＡＡは、事実上の悲惨な差別状態を克服するにあたっての経過的措置としては一定の効力があろう。しかしながら、ＡＡによっては、各人の能力差までを平準化する規範適用性を含む可能性もあり、むしろ自由な競争に委ねるべき場を、不自由な統制下におく危険性があると考えられる。

（15）ミノウは、関係性のアプローチについて、家族関係について、子どもの権利について、さらにはこれらの諸問題を踏まえた法・権利論一般に関して、多数の論文を執筆している。本章で中心的に取り上げるミノウの著作は、Martha Minow, *Making All the Difference : Inclusion, Exclusion, and American Law*, Cornell University Press, 1990.（以下、Minow, 1990.）およびM.Minow & Mary Shanley, Relational Rights and Responsibilities: Revisioning the Family in Liberal Political Theory and Law, *Hypatia* vol.11 (Winter 1996) 4-29.（以下、Minow & Shanley, 1996.）である。本章に関連して参考となるミノウの著作は以下のとおりである。

〈関係性のアプローチ〉When difference has its home: group homes for the mentally retarded, equal protection and legal treatment of difference. 22 *Harv. C.R. —C.L.L. Rev.* 11-89, Winter 1987; Making all the difference: three lessons in equality, neutrality, and tolerance. 39 *De Paul L. Rev.* 1-13, Fall, 1989; Repossession: of history, poverty, and dissent. 91 *Mich. L. Rev.* 1204-1212, 1993; Not only for myself: identity, politics and law. 75 *Or. L. Rev.* 647-98, Fall, 1996; The Constitution and the subgroup question. 71 Ind.L.J. 1-25, Wint. 1995; Between Vengeance and forgiveness: feminist responses to violent injustice. 32 vo4 *New Eng. L. Rev.* 967-81, Summ. 1998; Keeping students awake: feminist theory and legal education. 50 no2 *Me. L. Rev.* 337-43. 1998.
〈家族関連〉Beyond state intervention in the family; for Baby Jane Doe. 18 *U. Mich. J.L. Ref.* 933-1014 Summ. 1985; Forming underneath everything that grows toward a history of family law. 1985 *Wis. L. Rev.* 819-98, 1985; Words and the door to land of charge: law, language, and family violence. 43 *Vand. L. Rev.* 1665-706, N 1990; The free exercise of families. 1991 *U. Ill.L.Rev.* 925-48, 1991; Redefining families: who's in and who's out? 62 *U. Colo. L. Rev.* 269-85, 1991; All in the family & in all families: membership, loving, and owing. 95 *W. Va. L. Rev.* 275-332, Wint 1992/1993; Learning from experience: the impact of research about family support programs on public policy. 143 *U. Pa. L. Rev.* 221-52, N 1994.
〈子ども〉Are rights right for children? 1987 *S.B.F. Res. J.* 203-223, Wint. 1987; Children's rights: where We've been, and where we're going. 68 *Temp. L. Rev.* 1573-1584. Wint. 1995; What ever happened to children's rights? 80 *Minn. L. Rev.* 267-98, D 1995; Children's studies: a proposal. 57 *Ohio St. L.J.* 511-518, 1996; The welfare of single mothers and their children. 26 *Conn. L. Rev.* 817-42, Spr. 1994.
〈法・権利論一般〉Some thoughts on dispute resolution and civil procedure. 34 *J. Legal Educ.* 284-297, Je.1984; Judging inside out. 61 U. *Colo. L. Rev.* 795-801, 1990; Law and social change. 62 *UMKC L.*

Rev. 171-83, Fall, 1993.

（16）米国における公民権運動に端を発し、以後の女性の権利、障がい者の権利、患者の権利といった権利運動が展開したこと、医療においてはこれらを契機としてバイオエシックスという学問領域の成立に寄与したことなどを挙げることができるだろう。

（17）わが国において法制度のあり方を考えるにあたり、避けられない法理論的課題として、「近代西欧法の現代的意義を批判的に検討し、その何を受け継ぎ、どこをどのように修正し発展させるべきかを、次々と法に向けられる新たな社会的諸要求に即して点検してゆくことである」とする思想的態度は、本書を支える基本的理解である（田中成明『現代法理学』（有斐閣、二〇一一）一〇一頁）。

（18）前掲注（15）、Minow, 1990. 146-172. この自律型のアプローチを強調する日本における代表的論者としては、樋口陽一『自由と国家――いま「憲法」のもつ意味』（岩波書店、一九八九）。

（19）たとえばロナルド・ドゥオーキンによって指摘される、中絶問題に対する既存の構造への批判的見解には、その問題性が示唆される。胎児の権利と妊娠女性の身体に対する自己決定権という、権利の対立構造とする捉え方は、みずからの身体およびともにある胎児、そしてみずからの人生、というおのおの切り離しの不可能な問題を法的解決にむけて検討する際、適切かつ十分とはいいがたい。第一章、前掲注（20）、Dworkin, 1993（邦訳、一九九八）参照。

（20）日本における議論としては内田貴『契約の再生』（弘文堂、一九九〇）、中田裕康『継続的売買の解消』（有斐閣、一九九四）、中田裕康『継続的契約の規範』（有斐閣、二〇二二）等がある。

（21）第一章、前掲注（20）、Dworkin, 1993, 69-82（邦訳、一九九八）参照。ロナルド・ドゥオーキンは、人間の生をその典型とする「本来的価値」ないしは「神聖な価値」に対しては権利アプローチを用いるべきではないし、用いてもいないと主張する。米国で世論を二分する中絶問題をめぐり、プロライフ派、プロチョイス派はいずれも、胎児を生きている人間と同様の権利主体と捉えているわけではない。しかし、権利主体でなくとも本来的価値ないし神聖な価値ある存在であるという点で、共通の価値観のもとにあると論じる。神聖性とはやや宗教的な語であるようにも見えるが、ドゥオーキンは人間の生について、自然と人為の両方の意味において創造的投資（creative investment）の過程を経たものを、神聖性をもつものと論ずる。

（22）前掲注（15）、Minow, 1990. 239-247.

（23）*Ibid.*, 249-253. ここで取り上げられる裁判例として、*In re Gault*, 387 U.S.1（1967）。非行少年とされる一五歳少年が隣人に猥褻な電話をかけたとして逮捕され児童拘置所に拘置された事案。少年裁判所裁判においても通常刑事裁判同様、告発事実の告知、弁護人選任権、証人対質権および自己負罪拒否特権といった適正手続きを保障した判決。

（24）*Ibid.*, 253-257.

（25）その契機に位置づけられることがらとして人種別学に対する違憲判決であるブラウン判決を挙げるべきであろう（Brown v. Board of Education of Topeka, Kansas, 347 U.S.483（1954）, 349 U.S.（1955））。

（26）フェミニズム運動に関する研究文献は多数に及ぶが、特に米国フェミニズム運動を、時期や活動内容にもとづき分類して位置づけ理解するのではなく、連続的・複眼的に論じる研究として、有賀夏紀「アメリカ女性運動／フェミニズムの歴史再考——多文化主義とトランスナショナリズム」日本女性学会編『女性学』二八巻（二〇二一）一二六—一三八頁。

（27）前掲注（15）、Minow,1990, 229 参照。

（28）*Ibid.*, 229-231.

（29）ここではおもに第二波フェミニズムの展開が念頭におかれており、代表的論者としてスーザン・オーキン、ナンシー・フレイザー、リンダ・ニコルソンらを挙げることができる。

（30）前掲注（15）、Minow, 1990, 230 参照。

（31）岡真理「M／S—ポスト・コロニアル・フェミニズムと発話の位置の政治学」『創文』三八五号（一九九七）、E. V. Spelman, *Inessential Woman: Problems of Exclusions in Feminist Thought*, Beacon Press, 1988、岡野八代「フェミニズム」有賀誠・伊藤恭彦・松井暁編著『ポスト・リベラリズム——社会的規範理論への招待』

（ナカニシヤ出版、二〇〇〇）一九九—二一八頁ほか。

（32）ミノウの関係性の権利論を詳細に取り上げるものとして、第二章、前掲注（17）、野崎綾子（二〇〇三＝二〇二四）一〇二—一一二頁、大江洋『関係的権利論——子どもの権利から権利の再構成へ』（勁草書房、二〇〇四）、小久見祥恵「差異と平等——マーサ・ミノウの理論を手がかりに」『同志社法学』第五六巻第一号（二〇〇四）七九—一二二頁、同「関係的権利論による家族関係の再構成——マーサ・ミノウの議論を中心に」『同志社法学』第五七巻第三号（二〇〇五）一八三—二一四頁が挙げられる。

（33）前掲注（15）、Minow, 1990, 23-40.

（34）この想定事例については、Thomas Sowell, *Inside American Education; The Decline, The Deception, The Dogmas*, The Free Press,1993,74-82. を参照した。なお米国では一九六〇年代公民権法の下、バイリンガル教育が進められ、いわゆるバイリンガル教育法（Title VII of the Elementary and Secondary Education Act of 1968）制定により一層推進された。連邦最高裁判所判決 *Lau v. Nichols*, 414 U.S. 563（1974）が、非英語圏の生徒に対して英語教育のみを提供することは、平等保護条項違反であるとして違憲判決を下したことは、バイリンガル教育の定着に大きく寄与したとされる。しかし一九八〇年代にはその力を喪失していく。

（35）前掲注（15）、Minow, 1990, 26-29.

（36）*Ibid.*, chap. 1.

（37）*Ibid.*, 50-53.

（38）*Ibid.*, 49-78.

（39）*Ibid.*, 53.

（40）*Ibid.*, 31-40.

（41）*Ibid.*, 56-60.

（42）*Ibid.*, 60-61.

（43）*Ibid.*, 60-62. ただしこの批判については疑問が残る。たしかに、人はまったくの不偏の視点をもちうるとは考えにくい。ただし、私たちは私益にもとづく意思決定と、そうではない公的な場における意思決定とでは、同じ問いが発せられた場合でもおのおのに異なる決定を使い分けておこなうことができる。私が欲しいもの（ランチで属したいメニュー）と、私たちが欲しいもの（グループで選択するランチのパーティメニュー）とでは異なる観点から選ぶことが可能であるように、一定の相対性のもとで公共的観点から判断を選択的におこなうことはできるだろう。この点でミノウの批判は、不偏でありえないという評価がことさらに強調されているようにも理解されうる。これはこれで、社会構成員（の多数派は）は構造上弱者の視点を暗黙の想定内に組み込みえないとの信念にもとづいているようにも見える。

（44） *Ibid.*, 66-70.

（45） *Ibid.*, 68-70.

（46） *Ibid.*, 70.

（47） *Ibid.*, 70.

（48） *Ibid.*, 47.

（49） なお、米国連邦最高裁判所による大学入学選考への人種にもとづくアファーマティブ・アクション違憲判決が出された二〇二三年現在、さらにこの問題は検討を要する。Students for Fair Admissions, Inc. v. President and Fellows of Harvard College, No. 20-1199, No. 21-700, 600 U.S. (June 29, 2023).

（50） 前掲注（15）、Minow, 1990,chap. 9. 特に289-311参照。この点についてミノウは、権利を、コミュニティを構築する議論プロセスを発動させる機能をもつものであることを指摘している。すなわち個人またはグループが権利を行使することは、この申立てをする個人またはグループが、より大きな集団の一員であり、その伝統に参加し、その形態を観察していることを示すことになる、と。しかし同時にこの権利のレトリックは、コミュニティ内にさまざまな反応を招来し、そこでなされた権利主張を複雑にしたり、危険にさらしたりする可能性があることもまた、指摘している。

（51） 前掲注（15）、Minow, 1990,277-283.

(52) 法の機能として、当該社会の構成員各人の行為に一定の規則性を与え、そのような行動への期待・予見可能性からなる社会秩序構築を支える社会規範の一種として、法は機能するものである。このように考えるならば、変革を第一義とする法理解には疑問があることはいうまでもない。なお、法のもつ機能と類型については、前掲注(17)、田中成明(二〇一一)第三章を参照。

(53) 法的判断によりダイナミックな社会変動を生み出した事例の典型は、ブラウン判決(Brown v. Board of Education of Topeka, Kansas, 347 U.S. 483 (1954), 349 U.S. 294 (1955))であろう。わが国では臓器移植法の施行にあたって実施当初は批判も大きく、社会を揺さぶる反応があった。しかし改正をはさんで二〇年超を経過し、脳死・臓器移植事例の積み重ねとともに、社会的反応は著しく小さくなった。この変化もまたダイナミックな社会変動の例と見るべきだろう。

(54) 前掲注(15)、Minow, 1990. 94-97.

(55) 前掲注(15)、Minow & Shanley, 1996.

(56) 家族が有する高度のプライバシー性と、公的関心の対象であることについては、以下例示する虐待への公的介入の制度はもとより、生殖に関する問題等についても議論を要する課題である。生殖のプライバシー性と人口管理の観点からの公的関心の関係という切り口から、野崎亜紀子「子どもをもつ権利——生殖とリベラルな社会の接続を考えるために」松元雅和・井上彰編著『人口問題の正義論』(世界思想社、二〇一九)一一二—一二九頁。

(57) 前掲注(15)、Minow, 1990. 268.

(58) 前掲注(15)、Minow & Shanley, 1996, 5.

(59) 世界の潮流をふまえれば、フランスにおけるパックス(連帯市民協約)等は先見的取り組みであった。米国連邦最高裁判所による、婚姻の権利を憲法上の基本的人権の一つと解釈して同性間にも婚姻を認めないことは法の下の平等に反するとした判決(Obergefell v. Hodges, 576 U.S. 644 (2015))を受けて、家族と制度の結びつきの法的位置づけ方は世界規模で変容を遂げつつある。わが国の自治体におけるパートナーシップ制度の広がりもあるが、家族の法制度的位置づけおよび法制度設計については、理論的制度的に仔細な検討を要する。

(60) 前掲注（15）、Minow, 1990, 283.

(61) 財産上の理由、あるいは出産を理由として離婚することを前提とする婚姻などはその一例と考えられるだろう。公序良俗に反する契約は無効となるが、その公序良俗が何であるのかは、社会のありようの変動に依拠しているのであり、家族関係を契約基底的に理解することは、このような変動を促進する原動力ともなりえよう。このような変動を望むゆえに契約基底的理解を用いることを、現時点の私たちの社会が許容するとは考えにくい。

(62) ミノウの関係性の議論を受けて、暗黙の想定を脱するべく契約基底的理論の展開を試みる議論として、第二章、前掲注（17）、野崎綾子（二〇〇三＝二〇二四）第一部Ⅱ「正義論における家族の位置――リベラル・フェミニズムの再定位に向けて」を参照。

(63) 前掲注（15）、Minow & Shanley, 1996, 4-5, 22-23.

(64) 前掲注（15）、Minow, 1990, 22.

(65) In re Baby M, 537 A.2d 1227, 109 N.J. 396 (N.J. 02/03/1988)

(66) 「代理出産でダウン症の赤ちゃん、依頼夫婦が引き取り拒否」ロイター報道（二〇一四年八月三日）等。

(67) 当該契約が公序良俗に反するゆえに無効や、権利行使が信義則に反するという主張はありうる。上掲のベビーM事件では、子どもへの訪問権をめぐる争いのなかで、一万ドルの代理母契約がニュージャージー州法および公序良俗に反するとされた。

(68) 前掲注（15）、Minow & Shanley, 1996, 24-25. ミノウが想定する「正義」の原理はこの点で「会話的正義」の議論と立場を同じくする。しかし、ミノウをこのように理解し位置づけることで彼女の議論を収束させることは、有意義とは言いがたい。ミノウは、参画すればそれでよしといっているのではなく、権利義務の確定が、既存の「合理的考慮」にのみもとづく人工的な企図の産物でもなく、また自然に存在するものでもなく、人工的ではあるがしかし必ずしも作為ならざる関係性への着目が、政治・法理論を成り立たしめるうえで、きわめて重要な点となることを指摘している、と筆者は読み解く。このような理解はハイエクにおける第三の領域、いわゆる「自生的秩序（spontaneous order）」の議論にもとづく展開の可能性をもつものと考えられよう。Hayek, *The Con-*

stitution of Liberty. Routledge, 1960 参照。また自生的秩序論については、嶋津格『自生的秩序』（木鐸社、一九八五）を参照。

（69） 内閣府男女共同参画局『令和元年度　家事等の仕事のバランスに関する調査報告書』（令和二年三月）によれば、家事・家庭マネジメント（特に食材や日用品の在庫の把握、食事の献立を考える）といった項目においては、（どちらかというと）妻とする回答は八割を超え、費やす時間については、夫婦がフルタイム就業であっても妻が夫の二倍であるとの結果が示される。またこのことは米国においても同様の傾向があることが示される（The University of Chicago Harris School of Public Policy and The Associated Press-NORC Center for Public Affairs Research, "Men and Women Have Differing Views on Who Handles Household Responsibilities and the Impact of Having a Child on Parents' Careers," December 14, 2021. https://apnorc.org/projects/men-and-women-have-differing-views-on-who-handles-household-responsibilities-and-the-impact-of-having-a-child-on-parents-careers/ (accessed 21 July 2022.)。

（70） 前掲注（55）、Minow, 1996, 25. ミノウは、社会における「差異」のパイを大きくすることによって「差異」の差別化の実質的解消を目ざし、社会への参加権を実質化して、関係性の中から生ずると期待されるような複数のパースペクティブの存在を私たちが発明する力を、法規範を変える力にしようとする。ただ、これは「常に新たな状態を生み出す判断」の必要性を採用することにもなり、先述のように法に予見可能性などの基本的機能をもたせにくくするという問題を抱える。なお家族法自体の意義を根源的に問い直す方向性の議論として、「特集　結婚の法と哲学」『法と哲学』第9号（信山社、二〇二三）三七―一六四頁内の各論考を参照。

（71） 前掲注（15）、Minow & Shanley, 1996, 25–26.

第五章　特別な関係下における責任
——片務的負担という特性

一　積極的責任（affirmative obligation）の議論

「責任」という概念は、私たちが日常生活を営むうえで、きわめて重要な役割を担っている。この理解を裏づけるように、さまざまな領域において責任概念に関する研究が蓄積されてきた。近代啓蒙期以降、法を支える重要な構成要素として検討されてきた「平等」「自由」概念と同様、法の重要な要素だと考えられる責任（obligation）概念の探求という知的な営みはつづけられてきた。しかしながら本書が取り組んできた個人の尊重を支える規範論としての関係性という視角からは、基盤となる「責任」について十分な検討がなされているとはいいがたいようにみえる。(1)

本書で検討する法的責任よりも広く、社会的責任としての責任（responsibility）概念に正面から取り組んだ稀少な探求者であるハンス・ヨナスは、〈強者による弱者の要保護義務〉と要約できる責任原理の原型を提示した(2)。ヨナスの発想からは、法的な責任（obligation）を検討するにあたり、既存の自律型の権利アプローチによっては把握困難な法的事象に関係性の権利アプローチからどのように応答できるかを考えるに際し、重要な示唆を得られる。

ヨナスの責任原理は、責任をもつ／とる主体おのおのを対等な個人として想定するのではなく、はたすべきその役割によって責任が課される、いわばその分（分際）にしたがうとする。ヨナスの議論によれば、責任原理が妥当する典型として親子関係（自然的関係であるとの前提に立つ）を挙げている点にも現れているように、責任の発生時点において相互の対等性を前提としない。親はいわば片務的に、子に対する責任を負う。

親子関係を典型とする個々人の非対等性は、「法の下の平等」を原則とする法の領域においても否定されてはいない。ロールズが正義論で掲げた正義の二原理でも、第二原理に格差原理を示している。ドゥオーキンは「資源の平等」論を展開した。そしてミノウが「平等」を「差異」の観点から再構成しようとしたことからも明らかなように、個々人の非対等性を前提としながら、法が基底とする「平等」論を語ることは可能である。

たしかに、法が前提とする個々人の対等性の重要性は強調されてしかるべきである。しかし法実践には、個々の私人がおのおのにまったく独立対等な個人であると擬制された人間像を、あたかも実体であるかのごとく取り扱い、正当化するレトリックに拘泥しかねない状況も認められる。過去にフェミニズム運動をはじめ、患者の権利、子どもの権利等、いわゆる米国発の公民権運動ないしその派生・展開運動といったさまざまな権利運動に伴う権利の創出（とそれに伴う権利のインフレ現象）は、おのおのの権利主体を非常に重要な点で擁護し、力を与えた一方で、権利を根拠とする際に生じた難点（第四章のフェミニズムと進歩主義の失敗）を看過してはならない。

この独立対等な個人のレトリックは、個々人がはたすべき責任を常に自己完結した「責任」概念とする偏った理解と結びついているといってもよい。しかし、わが国の現行法上、民法上の扶養義務（民法第八七七―八八一条）、親権に関する規定（民法第八一八―八三七条）、そのほか保護監督をすべき親の子に対する責任（刑法第二一八条）、あるいは親族相盗例（刑法第二四四条一項等）において想定される関係性など、特定の身分にある個人が特定の関係にある他者に対して特別の法的責任を片務的に負うことを求め、ないしは一般の法的責任が免除されることを定めている。この要請は近代法上歴史的に織り込まれ、機能してきた。ただしこの責任概念について、近代法理論は法的言語によって十全に検討することなしに（時に自然の名のもとに）、その存在を許容してきたのである(3)。

従来、典型的には刑法学の領域で検討されてきた「責任」概念は、多くの場合、刑罰との関連で問われる「罪」に関する研究であった(4)。あるいは他の領域においても、企業における経営責任、医師による説明責任といった領域ごとに性質の異なる「責任」概念がおのおの、検討されてきた。すなわち個別の問題領域で、誰に、どのような責任の有無を認めるべきかについての手続き的・技術的問題として検討される類の「責任」として、「責任」概念は捉えられ、検討の対象となってきた。

「関係性の権利」の構想を提唱するミノウにおいても、「責任」概念をそれぞれの議論の重要な位置を占める概念として措定しているにもかかわらず、「責任」概念について十分な検討をおこなっているとはいいがたい。それゆえここでは、規範的関係論の構想を展開するにあたり、社会内においてさまざまな関係性のなかに位置する個人が、自分の生の成功のために負うと想定され、かつ法によって保護・促進されるべきであると想定される「責任」の概念が、近代法体系でどのように位置づけられ、現に機能しているかについて、これまで看過されてきた視角、すなわち法的言語化のなされてこなかった観点からこれを明らかにしたい。

二　リベラルな伝統と積極義務（positive duty）

「権利」によって、発生した紛争の対立構造を単純化して整理することは、法的問題の解決に不可欠である。しかしその反面、問題を単純化することによってともすると対立を助長し、結果として問題解決を不可能にするまでに両者の対立を先鋭化する可能性をはらむこともまた事実である。その際たる例の一つである人工妊娠中絶問題では、権利の主張によって、問題が解決せずむしろ衝突（闘争）が再生産されている。女性の権利と胎児の権利とのいずれが、司法によって認定されるか（お墨付きが与えられるか）をめぐり、米国をはじめとする諸国においては今日もなお激しい対立状況が継続している。

女性の権利と胎児の権利のいずれの立場も、司法がお墨付きを与えることで権利の正統性と正当性を獲得し、権利の対立に勝利しようとしてきた。逆説的に聞こえるが、対立の先鋭化と継続は、社会が過度に結果としての司法判断に従うべきとする前提が機能する社会状況を反映した帰結ともいいうる。各々の立場と主張は、司法の場において権利の語を用いることによって、「やむにやまれぬ人工妊娠中絶」ではなく「人工妊娠中絶することが、女性の権利なのだ」、あるいは「人工妊娠中絶はできることなら避けるべき行為であるのだが」ではなく「人工妊娠中絶は胎児の生きる権利を奪う行為であり、断固これをおこなってはならない」、という主張へと転化したのである。こうした権利の言説は、司法・法制度への（過度な）期待に接続しており、法の社会的統制機能への信頼への過度の依存の一形態と理解できる。しかしこれは法の社会的機能に対する一面的な捉え方といえよう。

法の社会的機能は、①社会統制機能、②活動促進機能、③紛争解決機能、④資源配分機能に分類され整理される。[5] しばしば法の機能は、①社会統制機能を中心に捉えられてきた。社会統制機能は法の特質を「人びとが一定の行動様式をとることを何らかのサンクションによって確保し、相互作用的活動を安定化させ社会の規範的統合を維持する重要な手段」[6] とみなす。国家による強制的なサンクションによって当該社会の平和的な秩序の維持を図ることを認め、この機能を中心とする法の機能理解は、刑法を典型例として一般に受容されている。

しかし法の機能は（刑法においても）、サンクションを媒介として各人の相互行為を安定させるのではなく、第一次的には社会的レベルで機能する。[7]「法システムは、一定の行動様式を義務づけ、人々の活動を適切な方向に誘導しようとするかぎりで、各人の選択の自由を制約するが、同時に、私人相互の自主的な取り決めの形成やその保護のための諸々の制度的仕組みを提供することによって、各人の選択した目標の実行的な実現を促進し支援する」という意味で、「私人相互間の活動促進機能」をはたしているのである。[8] このように法の機能を私人相互間の活動促進機能として、言い換えれば私法的視点から捉える見方は、法がそもそも私人間の権利関係の確定問題において機能してきたことや、必ずしも契約関係の有無にのみ依拠するのではなく、当事者間に法的な「関係性」を見出すことによって法的紛争の解決が幅広くなされていることとも整合する。

このように秩序形成とともに相互の関係性をかたちづくる機能を法に認める際には、各人が法秩序を受容する「義務（duty）」を負うこと、またその「義務」に反した場合には一定の「責任」を負うことが法的に要請されねばならない。では、相互に自由かつ平等な各人が負うべき「義務」と「責任」を、法的にどのように捉えることができるのだろうか。

この点について、米国の法哲学者であるパトリシア・スミスの議論は興味深い。人間が社会的存在であることに着眼し、社会の基本的構成要素を互酬性をもつ個人に置いてこれを、リベラリズムと接続して論じるスミスの議論は、従来リベラリズム法学が前提すると解されてきた自己完結型の自律的個人主義の偏向した理解を捉え直す視角を提示する。[9] スミスは主著『リベラリズムと積極的責任』[10] において、過去三百年にわたって通用してきた個人主義が、他者から切り離されたアトム的個人として解され批判されたことに対して、異を唱える。リベラリズムの議論はこれまでも人間の社会性を理解してきたし、個人間に認められるメンバーシップ内の互酬性を否定してはこなかった。ただ人間の社会性および互酬性を基礎とすることを、リベラリズム理論の内部で説明してこなかった結果、リベラリズムがアトム的個人主義（atomistic individualism）を基盤としていることが批判されたのである。そこでスミスは、従来から基盤におかれてきたリベラリズムにおける個人主義として、メンバーシップを基礎とする協同的個人主義（cooperative individualism）について論じる。[11] スミスは、リベラリズムが「個人の自由と個人の権利を犠牲にすることなく共通善（common good）を促進し、分配的正義の要件を満たす方法とはどのようなものであるのか」[12] という問いを立てる。この問いへの検討から、後述するように、メンバーシップ概念の検討、導出される協働的共同のメンバーシップ（cooperative communal membership）の導出、このメンバーシップのもとで構成員が負う義務についての正当化要件を提示し、ここから正義の要求にもとづき、特別な関係下における積極義務およびこの義務をはたすべき積極的責任を論じるのである。

この検討を進めるにあたりスミスは、「家族（という関係のなかで生ずる）責任（family responsibility/obligation）」という概念を提示する。[13] リベラリズムが家族概念を発明したわけではもちろんないが、リベラリズムは家族に依存することで成り立ってきた。しかし歴史を振り返ってみても、封建社会においては長らく、依存される側の家族内の女性や子どもなどの隷従は、家族であるがゆえの自然的義務のもとで正当化された。もちろんリベラリズムは、前近代における階層構造のもとで個人の自由を損なうことは否定するし、自然的義務にもとづいてこれを正当化することはできない。リベラリズムは、個人が何かに従う義務に伴う責任に対して、自由意思にもとづく当事者の同意をその正当性の根拠とした。しかし、家族構成員として親の子に対する、子の親に対する、配偶者に対する義務と責任は、契約的義務・責任や政治的義務・責任とは異なり、「自由意思と決定論の奇妙な融合、あるいはまた契約は地位と融合」すると解される。[14] このことを指摘し、家族がリベラルな社会組織における基本単位であるとしたうえで、この小さな集団内における構成員間の、同意にのみもとづくのではない義務・責任を、自然あるいは生物学的にではなく、正義の名の下で、その範囲を画定し定義づけようとしたのである。このとき、スミスが論じる正義概念とは、「互酬性としての正義（Justice as Reciprocity）」である。

各人が属する集団がどのような集団であるのかによって（家族なのか、会社なのか、娯楽サークルなのか等々）、あるいはその集団で自分自身がどのように位置づけられるのか（親なのか、子なのか、配偶者なのか、雇用主か、被雇用者か）、さらには自分の負う責任や義務が何であるのかについて考える場面（いわゆる文脈）によって、さまざまにかたちの異なる「責任」を各人は負う。[15] この種の集団内における「責任」への積極的な着目は、リベラルな社会にあって「個人主義（individualism）」と齟齬をきたすというよりもむしろ、リベラルな社会を支える個人主義の維持・発展にもつながる。

法的責任および義務を負う当事者間の関係性を、「契約（合意・同意）」にのみ還元する立場の不可能性を指摘し、リベラリズム法学が内包する、いまだ達成されざる正義の実現にむけた自己改革をおこなうよう法に要求するという意味での「正義要求」[16]を肯定的に評価する立場からのこの試みは、個々の関係性という個別の文脈にもとづくため、どこまで法の普遍性要求に応えられるのか議論の余地がある。しかしこれまで法理論上積極的には議論が展開されてこなかったこの部分への着目は、以下の点で核心をつくものと考えられる。すなわち、現に法体系に内在している一定の関係下にある者に特別の責任を負わせることへの、当事者だけでなく社会における納得の獲得へむけた理屈の提示へとつながるという意味において、である。

三　リベラリズムが抱える四つの課題

ヨナスが指摘しているように、「責任」概念には「義務」が結びつけられている[17]。以下で論じるように、スミスもまた「義務」の分類と「責任」概念とを結びつけて検討している。

スミスはまず、近代における法的義務に関する従来の理解が、なんらかの行為を禁ずる「消極義務」に偏っていたと理解する。これに対して私たちの生活のなかでは、この種の「消極義務」よりも、相手方になんらかの行為をなすべき「積極義務」が問題となることの方が圧倒的に多いと指摘する。長年にわたる「消極義務」に偏重した法的義務理解が一定の役割を担ってきたことは認めねばならない。ただし、本書の取り組みの契機である個人主義の歪みの顕在化を前にして、この偏重から脱し、もう一方の義務である他者に対してなんらかのことを「する」義務（＝積極義務）に着目することが要請されるべきといえる。ここではスミスの整理を参照しつつ思考を進め、「積極義務」を「一般的積極義務（general positive duty）」と「特別積極義務（special positive duty）」とに分類し、特に「特別積極義務」と法・権利との結合の可能性について検討してみよう。

「積極義務」と「消極義務」の別は、しばしば作為義務と不作為義務の別と理解されてきた。個人の「自由」を最大限尊重するためには、「他者に対する不当な侵害をおこなってはならない」という不作為の（消極的）義務こそが、近代法が基盤とする普遍的義務となるのであり、したがってその義務と自由についての個人の権利が結合する、すなわち「他者に対して不当な侵害をおこなわないかぎりの自由」を各人がもつ、と理解されてきた。しかし、単に「作為義務」と「不作為義務」の別という観点からのみ捉えることは、今日的な難問に対して、説得的ではない。

ここで筆者の視角から見たわが国の事例に引きつけて考えてみよう。

終末期医療における治療の差し控え・中止をめぐる法的問題を想定してみよう。終末期にいたった際（終末期の到来自体が決定困難だが）には、積極的に治療をしないでほしいという意思を明示している患者に対し、人工呼吸器を自分で外すことのできない当該患者を前にした医師は、どのような義務を負うのか。患者の明示の意思に従うべきだというその義務は、積極的な治療をおこなうべきではないという点から「不作為」義務と考えるべきか、人工呼吸器を「外す」という点から「作為」義務と考えるべきか。この古典的な問題[18]にとどまらず、当事者の意思を（過度とも思われるほどに）重要視する現代社会において、どのような義務を医師が負うか、その正当化根拠については、比較法上も判然としない状況にある[19]。

臓器移植や人工妊娠中絶、終末期医療といった人間の生の両端領域における決定問題について、法・権利がどのような役割を担うべきかという難題は、まさにこの状況と呼応している。たしかに、最低限「～してはならない」義務としての消極義務を法的義務とすることは、歴史的に大きな特権を国家権力が振りかざしてきたことに対する反省、あるいはまた異者に対して今日もなお存在しつづける不寛容と差別に抗するという観点からも、必要不可欠である。同時に、この要請は普遍性を標榜する法的な空間の伝統と整合する。

しかし、それのみによって法的義務は把握しきれない。また、この偏重した理解は不適切である。消極義務のみを普遍的義務とする理解のもとでは、親子関係等にみられるように現に法体系に確固とした位置づけを有する他者に対して積極的に手をさしのべるといういわゆる「～してあげる」義務（「積極義務」）を不当に矮小化して理解し、いわばたまたまそこに遭遇した者の「慈悲（benevolence）や思いやり（charity）」に依拠するものとして、法世界の周縁に追いやるという、現実と乖離した理解を促進することにもなりかねない[20]。

この点について、スミスが掲げる事例から考察してみよう。

一軒の家以外、何もない場所に、父親とその子フランクが二人でハイキングに行った際、父親が急に心臓発作を起こしてしまった。そこにある家の庭には、立ち入り禁止の立て札があって、住人は不在である。ドアをノックしたが応答がない。しかしドアノブを回すとドアが開いたのである。他人の庭、まして家に無断で入り、電話をかけて助けを請う、つまり他人の所有権が及ぶ範囲内に侵入する行為は、他人に干渉するべきでないという消極義務に反し、他人の「自由」を侵害する行為として重大な権利侵害とみなされる。しかしこのときフランクには、この一般原則に従って家に侵入して電話をすることも諦め、苦しむ親をおいて隣町まで連絡に行くべきであるのかどうか（隣町で連絡できるかどうかもわかりかねる）。フランクには、重大な権利侵害だからといってその家の敷地内に入ることを断念することを要請する消極義務よりも、親を助けるためにはたすべき積極義務があるのではないか。スミスはこのような例を出し、そこには子としての一定の「義務」が存在することを主張する。

消極義務のみを個人主義における「義務」とするならば、この種の義務は「不完全義務（imperfect duty）」ということになる。リベラルな伝統における「正義」の価値から導き出される「消極義務」は、個人の尊厳、自律、自由、そして権利一般に対する尊敬に基礎づけられた正義の価値のもとで導出される。そのため厳密であり、かつ正義の要求に完全に（普遍的に）応答する義務である必要性（完全性の要求）に応える「完全義務」である。これに対して「積極義務」は、他者危害に対する禁止原則にもとづく義務ではない。普遍的にではなく、人間的友愛や慈悲という価値に基礎づけられた相対的義務概念であり、消極義務に比して厳密な義務概念とはいいがたい。この意味で「積極義務」は「不完全義務（imperfect duty）」と位置づけられる。このように「消極義務」を「完全義務」、「積極義務」を「不完全義務」と結びつける二分法は従来の倫理学上の義務の分類とも整合するが、スミスはこれに異を唱える。

先に結論を述べよう。スミスは、従来の法的な世界では取り上げられてこなかった「積極義務」が、正義から導出される法的義務であると主張する。積極義務には「慈悲心」にもとづく相対的な積極義務のみならず、ある特定の関係では正義の要求にもとづいた「積極義務」もあるのだ、と。この特定関係下で生ずる義務を、「特別積極義務（special positive duty）」と名づけ、特定関係下においては普遍性を有する正義要求にもとづいた義務であるために「完全義務」に分類する。

このように完全義務と積極義務とが結びついた「特別積極義務」を支点として、義務概念を理解する。これは、実務上整合するだけでなく、義務と不可分である責任（法的責任）のあり方を再定式化することになり、リベラリズム法学をより豊かに構成することになるであろう。こうした理解のもと、従来の不適切な義務理解（積極義務・消極義務の二分法）の結果、以下の四つの課題が生じていることを指摘する。これらの課題はいずれも、特別積極義務を現代リベラリズムにおいてどのように位置づけることができるかを問う課題とする。以下、要約しよう。(21)

①個人主義の再定位　リベラルな個人主義はこれまで、社会協力や対人間関係にある信頼および信頼の必要性について明確な説明をおこなってこなかった。しかしこうした価値観なくしては、消極義務を損なってしまう。人間は根元的に自由であるのみならず根元的に社会的存在である（そしてこの社会性は生後最初の何年間かは家族によって育まれる）。現代リベラリズムの課題は、個人を人間関係から遠ざけることなく個人の統合性を維持するリベラリズムのもとで、個人主義の機能についてより適切な説明を提供することであり、これは積極義務によって成し遂げられることである。

②矮小化された正義概念　既存の個人主義の伝統のなかで発展した正義概念は、他者に危害を加えない、また他者の身体の統合性および所有権を尊重するといった意味での不干渉（noninterference）に偏重し、狭く理解されている。個人の生に対して不当な干渉は許されないという点でこの理解は重要である。しかし人間は常に社会的存在であり、正義は社会的価値である。歴史的にも現代においても、正義には不干渉にとどまらない幅広い考慮事項があり、プラトン、アリストテレス以来の伝統的な概念である公平性、互酬性、信頼性は、考慮されるべき要素である。正義は常にバランスを要する概念であり、このことは積極義務に接続する。

③価値の中立性　リベラリズムは、善に関して争いのある見解について、国家が中立の立場を維持すべきだと論じる。時にこの価値中立性は相対主義や、あるいはエゴイズムと結びつけられることもある。しかし、リベラルな伝統のなかでエゴイスティックな個人主義の発展に強い影響力を与えたアダム・スミスにおいても、個人の卓越性のみならず公共の利益のための道徳感情の涵養の重要性が論じられるとともに、彼の理論は、共通善と個人の自由を背景としていたことは明らかである。もちろんこの理論は楽観的にすぎるだろう。しかし少なくとも現代リベラリズム社会においては、正義と消極義務の尊重というリベラルなコミットメントを損なわずにリベラルな社会を維持しうる理屈が決定的に不足している。リベラリズムは、互酬性、信頼性というこれまで説明をしてこなかった価値（社会的美徳）に依存することによって成り立っている。個人の重要性を忘却することなく、これら伝統的価値をリベラリズムに位置づけることが重要なのである。この意味で、リベラリズムは価値中立的ではない。

④積極義務の範囲と優先順位　積極義務と消極義務とのあいだの最大の違いは、資源を要するかどうかである。積極義務はそれを充たすための時間と資源を要するのに対して、不干渉の観点から解釈されていた正義のもとにおける消極義務はそれを要しない。クライアントに、患者に、同僚に、どのような積極的な支援を、どのくらいする義務を負うのか、このことを正義にもとづき要請しうるのか、が問われることになる。したがってこのことを正しく決めるためには、積極義務における範囲と優先順位についての一貫した理屈が必要となる。積極義務は消極義務よりもはるかに、相互に衝突する可能性があるのである。

以上をふまえて、さらにスミスの議論を参照しながら、積極義務の検討を進める。

四　一般的積極義務と特別積極義務

いまいちど確認しておこう。従来、リベラリズム社会は積極義務を一つの支えとして成立・維持してきたが、理論的にこの義務について説明をしてこなかった。したがってリベラリズム理論の内部でこの義務概念の明確な位置づけをしなければならず、これまで十分に言語化されてこなかったことを、明らかにすることを本書は指向している。そしてそれは既存の理解である個人の尊重にとって重要となる消極義務を排除するのではなく、両者を架橋することである。

子が親に対してどのような義務を有するのかは文脈依存的であり、定型的には定義しえない。そのため積極義務は一見すると普遍性を要求する法的義務の枠組みでは把握されない。しかし積極義務は一枚岩ではない。積極義務と消極義務とについての議論は、作為・不作為にかかる論点として捉えられ、たとえば危険にさらされた見知らぬ人に対する救助義務（一般的積極義務）を、消極義務と対比してリベラリズム法学に位置づけられるか、が問われてきた。しかし従来、積極義務概念の別——危険にさらされた見知らぬ人への救助義務（一般的積極義務）と、家族関係を典型とする特別の関係下にあるものが危険にさらされた場合の救助義務（特別積極義務）——をはじめ、法理論における積極義務の意義と機能について、検討がなされることは少なく、特別積極義務をリベラリズム法学に位置づけうるか、という問題設定はなされてこなかった。これはすなわち、特定された決定的な被害者に対して、その者と特別の関係にある特定可能な個人に、その被害者を救助する義務（特別積極義務）はあるか、という問題設定である。両者が特定可能な特別な関係であるという点で、想定される集団は小さな集団である。スミスは、特別積極義務が説明できなければ、一般的積極義務もまた、慈善活動としての個人の良心にとどまることになるのではないか、と指摘する。このことを受けて、特別積極義務は、普遍的な消極義務と一般的積極義務とを架橋し、かつ一般的積極義務を基礎づけ、もって社会的責任と相互性、互酬性といった社会的美徳の発展の基礎を提供する、とスミスは主張する[22]。

特別積極義務とは何かを理解するために、スミスがその典型と位置づけている家族責任について明らかにしよう。先述のとおりリベラリズムにおいてはこれまで、家族メンバーシップ内における相互の義務を明快には説明することはなかった。スミスによればそれは、「自由意思と決定論の奇妙な融合、あるいはまた契約は地位と融合[23]」するものとして、家族であるからという事実によって家族内に埋め込まれた、家族構成員が負うと想定されている家族責任が、なぜ正当化されるのかという課題の解明への取り組みである。

同意にのみ依拠するのではない、また生物学的つながりにのみ依拠するのではない、この関係内に要請される家族メンバーシップに求められる家族責任の正当化は、特別積極義務を基盤とする責任の範囲を明らかにすることと接続している。スミスはこの点についてリベラリズムの要請をふまえ、第一に、個人が自由で平等な扱いを受けること、また公正さへの依拠と矛盾なく、かつ積極義務が消極義務に優先しないこと、すなわち正義の範囲を狭めないこと、および第二に、なんらかのニーズを満たすためにかたちづくられた協力的な編成であることを要する、という二つの要件を提示した[24]。家族はこの二要件を満たす社会の基本単位である、とスミスは位置づけ、ここから当該コミュニティのメンバーシップについての四つの要素として、①コミュニティの構成員が再帰的アイデンティティを有していること、②構成員相互に共有されるコミュニティとしての期待、③コミュニティとしての共通目的やタスク達成に対しての協力的な取り組み、そして④構成員としての役割

（責任）の機能、を認める。(25)

上述のとおりスミスは、義務と責任を支える基礎に小さな集団（コミュニティ）内の相互性ないし互酬性をおいて正義概念の基点とする。これを「互酬性としての正義（Justice as Reciprocity）」と名づけ、上述のメンバーシップをもった小さな集団内の構成員が構成員間に課される義務、すなわち特別積極義務を正義に支えられた完全義務として、その義務を課す正当性を基礎づけるのである。

以上の理解にもとづき、スミスは特別積極義務を、一般的積極義務の基礎づけとし、この義務に伴う責任を「積極的責任（affirmative obligation）」と称する。具体的な立法・法政策上の課題や法解釈のあるべき姿について、必ずしもスミスの議論展開は十分ではないが、特別積極義務を履行しない場合に生ずる責任とは、当該義務の不履行によって特定関係の維持が困難となることについてはたすべき、コミュニティ構成員としての責任であると考えられよう。またこの積極的責任は従来、特別積極義務が一般的積極義務と混同されてきたため、道徳的責任という倫理学上の考察対象にはされたが、法学上の考察対象としては十分に検討されてこなかった。

これをより具体的に、法学上の考察対象として検討するにあたり、日本の法制度状況に結びつけてみよう。

刑法上の「保護責任者遺棄罪（刑法第二一八条）」はもとより、民法上の「扶養（民法第八七七－八八一条）」の観念は、まさに法律上明らかに特定関係の存在を想定しており、一方の側に保護監督義務を、また扶養義務を、はたすべき法的責任として課している。

そもそも、民法上広く認められている信義則などにもとづく不法行為責任は、特定関係にもとづく責任という考え方を含む概念として捉えることができる。なぜなら、不法行為責任は当事者間に契約関係がなくとも一方は他方に対して義務を負い、その義務をはたすべき責任を負うことを認めているからである。[26] しかし、損害発生にかかわって考慮されるべき関係性の位置づけは、従来理論上明確にされておらず、広く社会関係的な考察に委ねられるにとどまる部分も少なくない。[27]

この点についてては、わが国の実定法学上においても、上記四つの課題の観点から検討を加えうるものと考えられる。すなわち①何をもって特定関係とみなすかということ、当該特定関係内の構成員としての個人を、どのように法定するのかということ、②公正さと両立する互酬性としての正義概念を措定すること、③刑法上の保護義務は、法令上の規定にもとづくが、各々の法令（民法第八二〇条の親権者の子に対する監護義務、同法第八七七条以下の親族の扶養義務等）において保護されるべき関係の維持を支える理由（価値態度）を明確化すること、そして④そのなかでどのような義務が、どの範囲で義務として構成員に担われるべきであるのか、さらにはそれが担いきれない場合にどのような手立てが講じられるべきかということ、これらのことがあらためて問われ、言語化されることが求められよう。このことは、リベラリズム法学における「積極義務」が、不完全義務のなかでのみ平板に理解されるべきではなく、「一般的積極義務」と「特別積極義務」とに分類して理解すべき概念であることを明らかにすることとなるのである。これらは、法的義務概念、責任概念とその機能とを論理的に明らかにし、リベラリズム法学の実像を描き出すうえで重要な検討と考えられる。

リベラリズム法学の基礎となる特定の関係性について、その典型をスミスは家族関係におくが、さらに法的義務・責任が科される特定関係があることについては、上述のとおりである。どのような関係を特定関係と認めるべきかをめぐっては、具体的かつ慎重な検討を要する。たとえばわが国における今日的状況として、特に医療現場において、患者の意思を中心としながらも、患者・家族にとどまらず多職種の医療者等を含めた共同決定プロセスの重視が強調され、徐々に範囲は拡大傾向にあるようにも見受けられる[28]。医療の領域内にとどまらない法制度設計の要請もあるところ、特定関係の設定、範囲、制限、機能および手続きなど、その正当化の理由とともに制度設計のあり方を問う必要があろう[29]。この点、さらなる検討を要するところであるが、この特定関係の範型としてスミスが掲げている以下の三つを提示しておきたい[30]。第一に、すでにここまで論じてきた家族関係に代表される自然的関係であり[31]、第二に、同意（consent）にもとづく契約関係、そして第三に、ポリティカルな関係である[32]。なかでもスミスは、第一に掲げる家族関係を出発点として、そこからおのおのに異なる性質をもつ第二、第三の特定関係下における積極的責任を論じている。

五　協同的個人主義とメンバーシップ

前節では現代リベラリズム法学についての四つの課題を示し、これを解くべきことについて論じた。その第一番目に挙げられた点は、かつてサンデルがロールズに対しておこなった批判と重なり合う部分である。いまいちどこの点を抽出しなおしてみよう。

消極的義務を背景とした自律個人主義を基礎としては、リベラリズムという思想をよりよく描くことができない。これは既存のリベラリズムが基礎におく自律的個人の理解を指してスミスが、「アトム的個人主義（atomistic individualism）」[33]と呼んだとおりである。この理解はリベラリズムの基礎に消極的義務を背景とした自律理解をおくことで、個人を個人として尊重すべきとする個人主義という思想において、むしろこの個人主義を支える「社会共同の必要性」を欠落させてしまうことを含意している。

この点を、責任概念の検討をおこなうことによって克服しようとする態度は、スミスの議論においても、この批判を受け入れる関係性の権利の構想の議論においても同様である。ここで検討に付される責任は道徳的責任にとどまらず、法的責任までも追及可能な責任概念である。したがって誰かになんらかの法的責任を負わせる（個人への帰責性）という点からも個人主義を否定しない。責任概念を導入した関係性の権利論は、アトム的ではない個人主義に依拠していると理解すべきである。なおスミスは、このアトム的ではない個人主義について、「協同的個人主義（cooperative individualism）」と称している(34)。

ここまでスミスの議論に沿って論じてきたとおり、一般的積極義務と区別した「特別積極義務」とは、「特定関係」ないし「相互行為」という観点から、特定の関係下にある当事者が、当該特定の関係下にある他者に対して負うべき義務であり、それは正義の要求を支える基礎的環境において生じる義務である。そしてこの義務は、「公正さ」はもちろんのこと、同時に「互酬性」を焦点とする「正義」にかなうかぎり（範囲）において法的義務・責任へと接続しうる。このことを明示的に説明できてはじめて、一般的積極義務は、「慈悲心」を根拠とする道徳的な義務とは異なる法的な義務・責任として正当化しうる。

特別積極義務は特定関係がそこに認められ、正義の名のもとにその義務を負うのであるから、その者はその義務をはたし、これを履行しない場合には義務の不履行に応じた責任（積極的責任）を負う。この義務に伴って要求される責任は、一定の関係性に生ずる義務である以上、普遍的に誰もが有することは要請されない。したがってこの義務と責任は、「人を殺してはならない」「他人の財物を窃取してはならない」といった厳密な消極的義務から導出される責任とは異なり、そこにある関係性に依存するという意味で相対的である。かつ文脈に依存した責任という側面があることは否定できない。

しかし、だからといってそれのみを理由として、この義務と責任を法的義務／責任に値しないとはいえない。かつてローマの法律家たちは、「責任（obligation）」を「わが市民法に従って履行することが強く求められている」人々のあいだの「拘束力ある法的な結びつき」と定義していた。単に史実としてのみならず、今日もなお「責任（obligation）」には、「人々の間の、何らかの規範的意味を有する関係にかかわ」るという効用があるといえる[35]。このことは、〈親としての責任、契約上の責任、約束にもとづく責任、不正な行為に対する賠償やその他の処置を為す責任〉の存在に現れている。このような責任の存在は、親と子の関係、契約を交わした者どうしなどといった、相互が一定の（特定の）関係にあることを表しており、その関係を根拠として、一方の者は他方の者に対して「責任」を負うことを意味する。このような責任理解は、前述の互酬性としての正義という観点から導出される、「相関的な法的権利を伴う完全義務」という考え方とも整合した責任理解になるだろう。

以下では、本書が取り組む規範的関係論において、具体的な法制度のあり方、その制度設計とともに、どのようにして正義に基礎づけられた特別な関係を構想しうるか、を考えるにあたり批判的に検討する視座を、さらにスミスの議論から得たい。

「特別積極義務」と「積極的責任」が生ずる特定関係の代表例としてスミスが論じる、上述した①自然的関係に加えて、②契約関係、③ポリティカルな関係を挙げて検討しよう。

親子に代表される①自然的関係は、生物学的つながりから特別な関係にあることが当然視されてきた。この自然的関係を代表例とすることについて、スミスはリベラルな社会の基礎であると位置づけている。ただし、この理解に対しては懸念があることはいうまでもない。すなわち伝統的なリベラリズムは、理論的に公的領域と私的領域とを分断し、家族関係を後者の領域に位置づけたために、結果的に家族関係内における抑圧・被抑圧といった関係（その極端な例として、ドメスティック・バイオレンス）の隠蔽に荷担してしまったという点である。これを反省して、現代リベラリズムにおいては、①の関係を自律的個人主義に立脚した個別同意型の契約関係に引きつけて理解するべきだとする主張もまた展開される(36)。

しかし、前節で論じたとおりわが国の法制にもあるように、親子のみならず配偶者間の関係についても、一方が他方を扶養する義務、およびそれにもとづき「遺棄」しない責任は、個別同意型の契約関係によっては説明しつくされるものではない。先述のとおりこれらの責任は、公正さのみならず、互酬性にもとづく正義概念が支える特別積極義務をはたすべき「積極責任」を基礎におく。夫婦間の婚姻契約、あるいは財産上の契約関係等における契約的要素も、この関係を築くうえで重要な要素であることはもちろんのことである。しかしこの関係を個別同意型の契約関係にのみ引きつけるのではなく、特定の関係のもとで要請される上述（前節）のメンバーシップ関係をその基礎と捉えるべきであろう。

この点についてスミスは以下のように説明する。すなわち、古代ギリシア以来の「人は孤独には生きられはしない。コモンセンス上、人はコミュニティ内のメンバーシップのもとで、社会的責任、ないしはポリティカルな責任を育むのだ」という人間理解にもとづきつつ(37)、現代リベラル社会を支える基礎とするメンバーシップとして、①再帰的アイデンティティ、②コミュニティとしての期待、③協力的な取り組み、④役割（責任）の四要素を認める。

スミスによるこの考え方を敷衍すれば次のように理解することができよう。すなわち、人と人との距離感は誰もがまったく均一ではありえない、というところから生じている。私たちはそれを知りながら、普遍的に相互の距離を一定であると想定する場として公的領域（おもに政治領域）を擬制してきた。これに対して均一ならざる距離の親しい間柄については、その内部への政治介入に抵抗するために、公的領域の外に位置づけたのである。この弊害は先述のとおりである。距離の近い間柄に認められる特定の関係性を、公的領域の外へと隠蔽するのではなく、正義に接続して位置づけるべき部分があることを明確にする必要性と必然性は、私たちの社会における法的な経験からも明らかであろう。法の下の平等という相互の対等性を大原則とする法世界においても、扶養、遺棄のみならずこの種の距離の近い間柄の特別な関係性を、特定性のゆえに、他の関係とは別個に取り扱うべきとする考え方が組み込まれているのである。メンバーシップの理念は、私たちの法体系内に浸透しているのであって、法が前提する人間像と一貫して捉えることができるだろう。

②契約関係はどうか。スミスは既存のリベラリズムが強い基礎におく、当事者どうしの意思（同意）を軸とする契約関係においても、同意のみに還元できない関係性を見出して論じる。その趣旨と意図を筆者の理解にもとづき要約すれば、以下のようになる。親子関係と異なり、自発的な同意にはじまる、契約関係の色彩が強い雇用契約について考えてみよう。いったん同意をすれば、雇用者と被雇用者とのあいだには、雇用関係という関係性が生じる。この関係性によって雇用者と被雇用者が負う義務・責任は、契約内容にのみ拘束されるものではない場合がある。すなわち契約内容に含まれていなくとも、雇用者には雇い主としての、被雇用者には被雇用者としての一定の役割をはたすべき責任が認められる。ここでいう責任は、当初の個別的な同意からのみ説明しつくされる責任ではなく、同意の影響として、そこで培われた相互性にもとづき生じる責任である。雇用関係とは、最初の同意のみならず、事後継続的な相互の「信頼（reliance）」関係が構築された際には、そ

こで想定される一定の役割を、雇用者、被雇用者が担うことが対内外的に期待され、その役割遂行について、両者はおのおの一定の義務を負う。それゆえ、役割遂行に違反する場合には、一定の責任（法的責任を含む）を負うことになる。したがって契約関係においてもその基礎にはメンバーシップが認められるのであって、個別同意にのみ還元されるのではない特定の関係下における責任の存在（特別積極義務と積極責任）が見出される。

さらに③ポリティカルな関係についてはどうか。ポリティカルな関係について積極的に議論、検討することは、法的な空間における諸問題に取り組もうとする本書の範疇を越える。しかしスミスの議論をふまえて端的に論じるならば、次のとおりである。

スミスは、ポリティカルな関係は、自然的関係、契約関係が展開した形態として位置づけることは誤りであるとする。なぜなら、ポリティカルな関係とは、親子関係のように自然に作られた関係ではなく、また国家との関係は契約関係のように個別の同意が取り交わされてもいないからである。後者の問題について、これを社会契約説によって説明しようとする立場もある。しかし、国家と個人とのあいだに自発的な契約が実際にはおこなわれているわけではないにもかかわらず、政治的・社会的義務を、自発的にみずからに課したものとして想定するという幻想を創出することになる。あるいは社会契約論の有する個人主義的色彩に力点をおきすぎることによって、人間の性質と生とが、むしろ引き離されてしまうことなどから、契約的理解の重要性は認めるもののこの説明のみによって理解することは困難である[38]。しかしスミスは、所得の再分配という福祉国家的行為の正当化根拠として隣人的義務を提示し、以下のような仕方で、これをポリティカルな義務であると主張するのである[39]。

かつての小さな町や村における〈隣人〉は、そこで生活する拡大家族的構成員として、そのコミュニティの社会・経済生活の維持と繁栄のために、他の構成員の振る舞いに対する非難と賞賛、援助や疎外等をおこない、構成員がまっとうな構成員として育成されるうえで非常に重要な存在であった。特に、人が共同的かつ公共的な場面でいかなる振る舞いをすべきかを習得するうえで、不可欠の存在であった。この種の義務は、〈隣人〉を拡大家族内存在と捉える関係性から導出される義務である。この相互の関係が緊密であればあるほどに、義務として要求される具体的行動はより厳しくなる。もちろんこのなかにも、一般的積極義務に区分されるような、慈悲心に根拠をもった道徳的義務も広く存在することはいうまでもない。しかし、村ではたすべき義務をはたさなかった場合の村八分は、公的な制裁の意味をもつ。また今日的な問題として、先に述べた契約関係を前提としない信義則違反等の不法行為と、そこで生じる責任の正当化根拠を考えるうえでも、その基礎となる義務概念の存在が認められる。これらの義務は、特定の関係性下で、公正さと互酬性からなる正義（互酬性としての正義）に基礎づけられ、したがってそれは、〈完全義務〉であり、すなわち〈特別積極義務〉ということができる。付言すれば、これを〈完全義務〉とするならば、この義務は、正義にもとづいて範囲が確定され、一定の制限等のある義務である必要がある。

ところで、今日の社会状況では〈隣人〉という存在は非常に不明確であり、その不存在が議論の対象となっている。スミスもまた、この点を考慮している。それゆえ、この義務を制度化する方向性を探ろうとするのである。制度の具体的ヴィジョンを検討することは、ここでの本旨を逸脱するため一応脇においておく。

筆者は、ポリティカルな関係にもとづく義務と責任の制度化までを受容するものではない。しかしながら、特別積極義務と積極的責任とが、個人の尊重を基本的価値とするリベラリズム法学の理論上実践上の重要な要素（環境基盤）であることは、積極的に理解されるべきであろう。このかぎりで、完全義務としての特別積極義務は、リベラリズムの根本的態度である自由の醸成を要請すること、すなわち各人の自己実現に資する義務であると捉え、特別積極義務と積極的責任とをもとに、義務・責任概念を統合的に捉えるべきとするスミスの理解を、筆者は共有する。ただし、〈隣人〉関係を典型とするメンバーシップ下で把握される③ポリティカルな関係についてのスミスの理解についてはさらなる検討を要すると考える。〈隣人〉という言葉に象徴されるように特別積極義務は、非常に小規模な関係性をその基礎に想定している。このことは、政治のもともとの意味、すなわち「ポリス的規模で行われる集団的な魂の世話の活動」[40]に呼応する関係性ともいえるかもしれない。しかしながらはたして、隣人のアナロジーをポリティカルな関係へと拡張することが妥当であるかについては、さらなる検討を要する。なぜならそれは、小さな集団の下における特定の特別な関係のなかにある個人の尊重を、民主主義に直接に拡張することへとつながりかねないからである[41]。

以上のことを踏まえたうえで、ここで捉え直そうとしているリベラリズムとは、「アトム的リベラリズム（atomistic liberalism）」ではなく、スミスの言葉を借りれば「協同的リベラリズム（cooperative liberalism）」ということができる。しかしながら本書の文脈に即するならば、「協同的」というよりも、「関係的」ないしは〈つながりのリベラリズム〉というべきかもしれない。

以上の議論は、リベラリズムの立場における従来の議論を見直し、道徳上の問題と法の問題との一定の区別はもとより、義務・責任を当事者の同意にのみ基礎づけようとする、契約論偏重の議論の欠陥を指摘すると同時に、規範的関係論を補強する議論である。

以上、パトリシア・スミスの議論とともにここまで、「特別積極義務」と「積極的責任」について論じてきた。これらの概念は、スミスの議論において用いられた概念である。この概念を読み解くことで、スミスの議論に大きく触発されるところがあったことは否定できないが、本書は必ずしもスミスの議論に完全に依拠するものではない。スミスが論じようとしたポリティカルな関係については、どのような政治社会的関係性を構想しうるのかについて、要検討事項であるように思われる。小集団内コミュニティ内におけるメンバーシップとして認められる片務的負担としての特別積極義務は、リベラリズム社会の基礎となる環境と解されるが、これをポリティカルな関係へ拡張することによるメンバーシップのありようの変化（変節）については、政治哲学的課題として残されるであろう。

本章では、規範的関係論を語るうえで欠落していた義務と責任概念を明示することによって、その補完を試みた。これに加えて、道徳的な義務とは一線を画した完全義務としての特別積極義務と積極的責任をリベラリズム法学の基底に据え、本書のテーマでもある人間の生の両端領域（生と死）における主体の問題が、法の基本問題として取り扱われることを示そうと試みたのである。

注

（1） 自己責任原則という近代法の根本原則を捉え直す観点をもつ法哲学研究としては、ジョエル・ファインバーグが論じる「集合責任」（Joel Feinberg, Collective Responsibility, *Doing and Deserving: Essays in the Theory of Responsibility*, Princeton University Press, 1970, 222–251）に対するハンナ・アーレントによる検討（Hannah Arendt, Collective Responsibility, James W. Bernauer, S. J. ed., *Amor Mundi: Explorations in the Faith and Thought of Hannah Arendt*, Springer Dordrecht, 1987, 43–50）等の議論を総合的にふまえ

たうえで集合的責任論を定式化する法哲学研究として、瀧川裕英「個人自己責任の原則と集合的責任」井上達夫・嶋津格・松浦好治編『法の臨界Ⅲ　法実践への提言』（東京大学出版会、一九九九）一一九―一三九頁、同『責任の意味と制度――負担から応答へ』（勁草書房、二〇〇三）。

（2）Hans Jonas, *Das Prinzip Verantwortung; Versuch einer Ethik für die technologische Zivilization*, Insel Verlag Frankfurt am Main,1979（加藤尚武監訳『責任という原理――科学技術文明のための倫理学の試み』（東信堂、二〇〇〇））. 参照、品川哲彦『正義と境を接するもの　責任という原理とケアの倫理』（ナカニシヤ出版、二〇〇七）。

（3）親権概念の継受については、興味深く、かつ変遷経緯にとどまらない理論的検討の重要性がある。親権概念は、ローマにおける家長権（Paterfamilias）に始原をもち、「権力、権威、もしくは主張的尊厳というような考え」（中川善之助）のもと、血縁のみを根拠としない権力関係で機能するとされた観念と、ゲルマン法における家長の権利とともに家長の義務を内包するという観念とに起源がある。両潮流の統合、さらには社会状況に伴う家族形態の変遷とともに、二〇世紀の立法において子の福祉を中心とする法典化が進められ、わが国の親権法制のありようもまた容易ならざる経緯を経つつ、この一連の流れのなかに位置づけられているといってよい。中川善之助『註釋親族法（下）』（有斐閣、一九五二）二―一〇頁、我妻栄『親族法』（有斐閣、一九八六）三一八―三一九頁、中川淳『新家族法〈第二版〉』（法律文化社、二〇〇一）一七四頁のほか、わが国の法典論争における経緯については、星野通編著『民法点論争資料集　復刻増補版』（日本評論社、二〇一三）等、数多の資料がある。また本書が取り組む人間の生の両端という観点から参照される扶養義務に関する研究として、三宅篤子「親の未成熟子に対する扶養義務について」『法政研究』六六巻二号（九州大学法政学会、一九九九）三二一―三四七頁。

（4）カウフマンおよびヤスパースが議論した「責任」論は、いずれも「罪（Schuld）」についての議論である。ここで取り上げようとする、従来は倫理学の分野で論じられるにとどまってきた「責任（antwoltung）」ではなかったことを明記しておく。アルトゥール・カウフマン（甲斐克則訳）『責任原理　刑法的・法哲学的研究』（九州大学出版会、二〇〇〇）、カール・ヤスパース（橋本文夫訳）『責罪論』（理想社、一九六五）。

(5) 田中成明『法理学講義』(有斐閣、一九九四)七五―八〇頁。この内容は、同『現代法理学』(有斐閣、二〇一一)七一―七七頁へと引き継がれる。
(6) 前掲注(5)、田中(二〇一一)七二頁。
(7) 前掲注(5)、田中(二〇一一)七二―七四頁。
(8) 前掲注(5)、田中(二〇一一)七三頁。
(9) ニューヨーク市立大学バルーク・カレッジで哲学講座教授であったパトリシア・スミスは、数多くの著作で、人間の社会生活で秩序を形成する力を及ぼしうる法規範のあり方に対する従来の理解、すなわち、人が秩序形成に関する規範のもとにおいて拘束を受け入れる理由を「個人主義(individualism)」の観点から万事「契約(同意)」に還元する理解に対して、一定の異議を唱えてきた。しかし同時に、この理解を単に否定するのではなく、「個人主義」のあり方を「責任」という概念から定式化し直すことによって、あらためて「個人主義」の理解を図ろうと試みてきた。
(10) Patricia Smith, *Liberalism and Affirmative Obligation*, Oxford University Press, 1998.
(11) *Ibid*., chap.8
(12) *Ibid*., 174.
(13) *Ibid*., chap.4
(14) *Ibid*., 77-78
(15) スミスは「責務(obligation)」と「責任(responsibility)」とは厳密には異なるものであることを認めつつも、両者を互換的に用いている。本書もそれにならっている。
(16) 井上達夫「〈正義への企て〉としての法」『岩波講座　現代の法15　現代法学の思想と方法』(岩波書店、一九九七)一一〇頁を参照。
(17) 前掲注(2)、Jonas, 1979, chap 2.
(18) 治療の中止行為の正当化については、これを作為・不作為の何と解するべきかについて、刑法解釈論上検討されてきた。治療の中止行為がもつ、身体的動作の介入という特徴および呼吸器の停止や抜管といった当該中止行為と患者の死との間に因果関係が否定できない場合もあることからこれを作為とする立場もある（武藤眞朗「生命維持装置の取り外し――わが国の学説の分析」『西原春夫先生古稀祝賀論文集第一巻』（成文堂、一九九八））。他方、治療義務の限界論に立脚し、作為的行為もまた治療行為の全体のなかに位置づけうるかぎりで、法的には不作為に振り分けた法解釈をなすべきとする立場が有力に主張される（井田良「終末期医療における刑法の役割」『ジュリスト』一三七七号（有斐閣、二〇〇九）八〇―八五頁）。これらの議論および現場の状況をもふまえたうえで、治療の不開始・中止については、患者とのあいだで診療行為義務を課せられた医師が実施する、医療としての役割に照らして適切であるかどうか、すなわち作為・不作為という観点ではなく、患者にとって当該行為が有益であるかどうかという観点から法的評価がなされるべきである、とする主張もある（辰井聡子「治療不開始／中止行為の刑法的評価――「治療行為」としての正当化の試み」『明治学院大学法学研究』八六号（二〇〇九）五七―一〇四頁）。

(19) 前掲注（18）、辰井（二〇〇九）を参照。刑法上の同意殺人罪において明らかなように、「法益主体の意向にかかわらず、他者に対してその生命の保護」が義務づけられていることが指摘される。また、終末期医療の領域においてはことさらに本人の意思を中心とした制度設計が図られており、さらに近時は本人を中心としつつも関係当事者らによる共有意思決定支援（shared decision making）が制度的に指向されつつある。医師の刑事責任問題としての検討を含め、理論上および実務上両面における検討が求められる。野崎亜紀子「専門家とリベラリズム」九三巻一号（二〇二一）三五―四〇頁。

(20) 前掲注（10）、Smith, 48–50.

(21) *Ibid*., 10–16.

(22) *Ibid*., 18–23.

(23) *Ibid*., 77–78.

(24) *Ibid*., 81.

(25) *Ibid*., 82–83.

(26) わが国の民法、不法行為法上の無過失責任論については、特に公害問題への法的問題構成および環境法の分野で進展をみせる。理論の基底に、この種の片務的負担の観念をおけるのか否か、検討の余地がある。特に公害問題、環境問題についての実定法上の検討については、吉村良一『公害・環境私法の展開と今日的課題』（法律文化社、二〇〇二）、特に第二部を参照。

(27) 棚瀬孝雄編『現代の不法行為法——法の理念と生活世界』（有斐閣、一九九四）は特定関係下における義務と責任とに関する理論的根拠の必要性について、本書と問題意識を共有している。

(28) 日本医師会第Ⅸ次生命倫理懇談会『ふたたび終末期医療について』報告書（二〇〇六年二月）において、終末期医療に関する決定を患者と家族とによる共同決定と位置づけ、そのプロセスには医療者の積極的関与を求めている。厚生労働省「終末期医療の決定プロセスに関するガイドライン」（二〇〇六年五月）においても同様に、患者・家族らと医療者等による話し合いというプロセスを経ることによって一定の正当性を確保しようとすることを前提とするガイドラインが公表され、その後累次の改定を経ている。これらに先んじて、新生児医療現場においては「重篤な疾患を持つ新生児の家族と医療スタッフの話し合いのガイドライン」（二〇〇四年三月）が示されており、患者家族と多職種の医療者との共同の話し合いプロセスが強調されている。野崎亜紀子・玉井真理子「プロセスとしての話し合い——この子の最善の利益のために」『助産雑誌』第五八巻第六号（医学書院、二〇〇四）二四—二八頁。

(29) ここで取り組む視角から、特に人生の終末期の医療における医療等の決定が抱える課題については、野崎亜紀子「〈ぼんやりとした〉集合的意思決定」日本法哲学会編『危機と法哲学　法哲学年報2020』（有斐閣、二〇二一）六八—七九頁を参照。

(30) この点について、特に日本では「救助義務」をめぐる議論として展開されている。萱富美枝「個人の自由と法的救助義務——相互扶助を支援する社会の構築」『阪大法学』四九巻二号（一九九九）二一三—二四〇頁、藤倉皓一郎「隣人訴訟・近隣訴訟——よき隣人たる法的義務・アメリカ不法行為法の視点から」ジュリスト八二八号（一九八五）二四頁、樋口範雄「よきサマリア人と法——救助義務の日米比較」石井紫郎・樋口範雄編『外から見た日

本法』（東京大学出版会、一九九五）。R. Lipkin, Beyond Good Samaritans and Moral Monsters: An Individualistic Justification of the General Legal Duty to Rescue, 31(1), *U.C.L.A. L. Review*, 1983. 252-293; E. Weinrib, The Case for a Duty to Rescue, *Yale Law Journal*, 90(2), 1980. 247-293.

（31）なお、スミスは家族関係を自然的関係と位置づけるが、このことについての課題は、前掲注（3）に示す親権概念の起源と変遷過程、さらには現代における多様な家族関係のあり方をふまえるならば、さらなる検討を要する。

（32）前掲注（10）、Smith, 1998, chapter 7.

（33）*Ibid.*, 201-208.

（34）*Ibid.*, 218-225.

（35）ニール・マコーミック（角田猛之編訳）『ハート法理学の全体像』（晃洋書房、一九九六）一五三頁。

（36）第二章、前掲注（17）、野崎綾子（二〇〇三＝二〇二四）。特に第一部で主張される「普遍的ケア提供者モデル」にもとづく契約関係は、個別同意偏重の関係性理解のなかでも相当の説得力を有する。しかしながら、個別同意型の契約関係では捉えきれない関係性を、人間の「自己解釈的存在」性にのみ依存するという理解は、本書における、公正さのみならず互酬性をも焦点とする正義という観点からは許容しがたい。

（37）前掲注（10）、Smith, 1998, chap. 8.

（38）*Ibid.*, 178.

（39）*Ibid.*, 174-183.

（40）嶋津格「民主主義——その認識論的基礎と機能のための条件について」日本哲学会『哲学』四七巻（一九九六）。

（41）この点について、ケアの倫理の代表的論者のなかに、ケアの倫理と民主主義との積極的接続を論じる者がいることは、注目される。Joan C. Tronto, *Caring Democracy: Markets Equality, and Justice*, New York University Press, 2013（岡野八代監訳、相馬直子・池田直子・冨岡薫・對馬果莉訳『ケアリング・デモクラシー——市場、平等、正義』（勁草書房、二〇二四）、序章、前掲注（17）岡野（二〇二四）を参照。

終章 〈つながり〉のなかで
——規範的関係の理論構想

一 社会の自由を考える

本章は、規範的意味における関係性概念を論ずる意図と企図を明らかにすることを目的としている。現代の社会秩序を司る近代法は、リベラリズムを基軸とする。筆者による既存のリベラリズム理解については、第三章第一節で述べた。

個人の尊重を確保するために、従来リベラリズムは、みずからの生のあり方についてのさまざまなことがらを、当事者である個人の自己決定に委ねる。正当性についてはそれ以上さかのぼらないことによって、自由意思の尊重に立脚した秩序形成を図ってきた。今日にいたるまで近代法を支えるこの思想は、社会契約説にもとづく（方法論的）個人主義に依拠している。

本書が構想する規範的関係論は、個人主義と結びつくリベラリズムを拒否しない。しかし、規範的関係論の主眼は、個人の自由意思の確保を基点とした社会秩序の構想を論じることではなく、「個人の尊重」を基点とする自由な社会を構築するという視角から、社会秩序とそこでの自由な主体としての個人の尊重の仕方・あり方を考えるところにある。より踏み込んでいえば、特定の個別の当事者どうしが相互に向き合い、双方はともに他者を、自身と等しく自由な存在として承認することが要請される。そのかぎりで当該関係において、おのおのに片務的負担が要請される。この片務的負担の概念も実のところ近代法体系内に長らく組み込まれてきたが、取り上げられることは少なかった。それを現代社会であらためて、個人を尊重するという近代法体系が希求する価値にもとづいて理論的に焦点化することが、規範的関係論という研究プロジェクトである。

社会は個々の人間からなっており、個別の人間どうしのつながりと組み合わせで構築されている。個別の人間関係の基点となる典型をどのような関係とするかについては、諸々の見方がある。本書が基点とし、法的空間における典型として位置づけてきたのは、生の両端領域における特定の関係である。

ところで、本書は人間の集合体としての社会について論じ、自由な社会の構築を目指す。そのため、個々人の生命・身体の安全を集合性・集団性（そしてそれは身近で特定の相手との関係性のなか）に埋没させることとなり、その結果として、かえって自由な主体としての個人の尊重に反する帰結を招く危険性もまた、懸念される。(1) つまり規範的関係論は、共同体主義、あるいは前近代的身分制秩序との連続性があるのではないか、と。その危険性を看過すべきではない。

しかし、規範的関係論は、社会を、個々に自由意思をもつとモデル化される抽象的人間の集合体としてのみ観念しない。特定の、相互に代替不能な個別の人間からなる関係における、一方が他方に対して片務的負担を負う個人を規範理論の基底とし、これを基本単位とする〈社会〉の自由を論じる、という理論構想である。人は生の両端である、はじまり（出生）と終わり（死）の領域、とりわけ出生時において個人として存在するために不可欠なニーズをみずから満たすことができないという普遍的特性を有している。このことを反映し、個人が個人として存在するために必要となる不可欠なニーズを保障する環境の醸成とその維持継続を社会の基本条件とすることを、まずもってリベラルな社会の条件とする(2)。

個人としての存在に不可欠なニーズを満たすことは、個人の生命・身体の安全の確保の要請にもとづく。具体的に誰がどのような負担をし、いかに公共的に支えるかについては一様に決定できず、立法および行政上の個別具体的な検討に付されるべきである。この課題を、生のはじまりを基点として考えれば、当該個人（子）を、自身との関係で特定の関係（親子関係）をもつ存在として位置づけて向き合う、いわば〈向き合ってしまった〉というところにこそ、個人を尊重する規範的関係のはじまりを捉えることができるだろう。この点についていかに実効性をもって対応するか、が立法および行政上の責務となろう。

以上をふまえて、ここでは個人としての存在に不可欠なニーズを満たすことの不足ないし不在を基点とする典型として、親子関係、婚姻関係、長期の介護関係を取り上げる。

これらの関係は通常、短期にとどまらず中長期的あるいは永続的関係の継続が（一応）想定されている。継続的関係にはさまざまな内容が含まれるが、いずれも当該関係の内部に、個人の生の維持を支える支援的活動実践（ケア活動）が内包される。この関係は、典型的には相互に代替可能な関係ではなく、特定他者とのあいだで構成される。それゆえ固定化し、そこから脱することが困難な状況が生み出されることも少なくない。

こうした関係のなかには、婚姻関係のように、双方の同意にもとづいて開始する関係もある。しかし、容易には代替不可能な関係の個別性・特定性が開始時にもある。かつ中長期的な継続性を有するため、介護といった生の維持にかかわるニーズへの対応が生じることもある。そうした関係からの離脱は当事者にとって容易ではない。親子や介護のような関係性のあり方によっては事実上、当事者等は、当該関係に固定的に位置づけられてしまう。

この関係下に生じる諸問題については、従来のリベラリズムのもとでは、婚姻・親子等の家族・親族のような私的領域における個別具体的な対応の問題と位置づけられてきた。あるいは、医療の場においては病者とそのケアを担う者の関係、医療にとどまらないさまざまな場において各種支援の下におかれるハンディある者と介護者との関係なども、当事者間の合意にもとづくと捉えられ、当事者間の合意が破棄されない以上、規範的課題を内包する問題が発生しているとは認識されにくい。しかしながら近時、こうした世話や介護の継続性や代替不可能性を内包する特定の関係をケア関係と位置づけ、このケア関係下に生じる諸問題に取り組む規範理論としてのケアの正義論が志向されはじめた(3)。ケアの倫理およびこれにもとづくケアの正義論（以下、ケア論と称す）は、既存のリベラリズム法学下では把握困難でありながら、現に規範的課題を内包する問題として、ケア関係を認識できる規範理論の構築を目指している(4)。

本書の規範的関係の理論構想はケア論とは一線を画す立場に立つ。しかしケア論が論じる、このようなリベラリズム法学批判を意義のある批判だと理解する。そのうえで、既存のリベラリズム法学下では必ずしも十分には把握されないがゆえに、問題の発生自体の認識を得る機会がなく、生じている問題の深刻化（妻として、母として、介護者としての役割を担いつづけ、個人としての尊重が毀損される状況）が進むというケア論からのリベラリズム批判について、なお「自由」を基盤として検討しようとする観点から、社会理論としての規範的関係論に取り組む。つまり、規範的関係論とは、自由な社会の可能性を考える構想である。

まず、〈自由な社会〉の構想について述べよう(5)。

自由な社会とは、当該社会を構成する個々人——おのおのの関係下にあることは前提となるが——に不自由がない（自由が抑圧されていない）ことを、社会制度の条件として要請する社会である。個々人の自由を等しく尊重するために、〈自由な社会〉が要請される。したがって自由な社会においては、個々人が自由に存在できる制度設計を図り、これを保障することが要請され、義務づけられる。この意味を論じるべく、以下本章では、既存のリベラリズム法学がよって立つ方法論的個人主義について有意な批判的検討の視角を提示するケア論（第三章で論じた）を契機としてあらためて提示し（第二節）、ケア論から、既存のリベラリズムが前提とする個人（主体）の位置づけとその構造を転じる視座を得て（第三節）、しかしケア論とは異なる、個人の自由を基点とするリベラリズムの構想下で、自由意思にもとづかない関係（〈向き合ってしまった関係〉）内に認められるべき片務的義務概念を提唱する（第四節）。以上をうけて、この〈向き合ってしまった関係〉を近代法体系内に明示的に位置づけることで規範的関係論構想の意図と方向性を示す（第五節）。

二　方法論的個人主義・批判

個人の権利を出発点とするリベラリズムは、社会を個々人による集合体であるけれども、その性質を個人に還元可能とする立場に立つ。したがって社会自体が有機体なのではなく、あくまで個々人の集積である。人権思想にもとづき人間が権利主体としての個人でありかつ個人が多様であることを前提とする近代社会においては、個人の自由意思の集積によって国家が構築されたとする社会契約という概念装置を用いる。

ここで注目すべきは、近代法秩序を支える基本的枠組みとして、国家が個人の自由意思を尊重するという論理（方法論的個人主義）にもとづいた理解が、理論上および法制度実践上浸透している、という点である。これが人権＝個人の尊重の理念と結合し、国家はその意味での人権＝個人の尊重を保護するための装置としての政治体である、というヴィジョンを、わが国を含むリベラルな諸国は有することとなった。これらの諸国の憲法はこのヴィジョンに立ち(6)、人権＝個人の尊重が、個人の自由意思の尊重によって達せられることになり、個人の生にかかわる問題の決定についての当該個人の自由意思の尊重は、リベラルな社会の根幹とされるのである。

ここまで論じてきたとおりこの議論に対しては、リベラリズムで尊重される〈自由意思の行使可能性を前提とする主体＝個人〉という主体理解に対する批判が、コミュニタリアニズムをはじめとする諸々の立場から展開されてきた。特に注目される議論が、フェミニズムをその理論的基盤とするケア論からの批判であった。ケア論は、リベラリズムを支える主体概念の生成過程に着目し、自由意思を基底とすること自体が、自由意思をもたざる存在の排除のうえに成り立ち、そうした人々の存在をあらかじめ主体として想定しないという仕組みを構造的に有すると指摘し、批判している(7)。

既存のリベラリズム思考では、自由意思を行使し活動することの容易ならざる関係下にいる両当事者たちをも、おのおのに自由意思を行使する主体とすることによって個人の尊重を図ろうと想定（擬制）する。それゆえに、その者たちによって構成される関係性についても、契約に代表されるリベラルな主体間で構成される関係と同様のものと位置づけられることになる。

対してケア論においては、みずから自由意思を行使することの容易ならざる者たちとその者たちへの介護等を実践する者と相互の関係を〈ケア関係〉と称し[8]、なかでも規範理論を志向するケア論は、以下のように主張する。

人は皆生まれながらにして自由意思をもち、自由に行使するのではなく、ケアを要する者としてある。それが、個人の起点となる出生時に典型的に現れ、母、そのほかのケアする者とともに、ケア関係にある。その意味で「人は皆、ある母親の子ども」という事実のもとにある[9]。

これは単に出生時の事実にとどまらず、傷病者はもとより、経済的・身体的・精神的に問題を抱える者など、自由意思の行使が困難な〈脆弱な者〉になることは、あらゆる人々に潜在する。そのとき、その者とともにあり、ともに一定の関係を構築することになる者（介護者等）は、しばしば、その役割（母として子として、介護者として被介護者として、等）や関係の継続性に伴い、相互に代替不可能な関係を構築する。当事者らはいずれも、みずからの意思によって当該関係を維持継続あるいは離脱することの困難な状況下におかれる傾向のある者たちである。かつこの状況にあることを当該関係の外にある人々・社会から了解される契機を奪われた、〈脆弱な者〉である。

人はその起点において、生命・身体の維持・安全のためにケアを必要とする脆弱な存在であることは普遍的事実であり、その後の人生においても人はあまねく〈脆弱な存在〉になりうる。したがって脆弱な個人たちによって構成される〈ケア関係〉は、事実として、社会を構成する基礎ないし前提にある。しかしながらリベラリズムは、その不可避の事実である〈脆弱な者〉を主体から排除し、〈脆弱な者〉を当事者とする〈ケア関係〉に正当な位置づけを与えないため、この関係に規範的な位置づけをすることができない[10]、とされる。

ケア論はリベラリズムの主体概念を批判するが、その批判は、主体概念の空虚さや不十分に向けられはしない。リベラリズムが主体概念を創出すること自体がはらむ不当性――〈脆弱な者〉の存在という不可避の事実を認めることなくあらかじめ排除すること――を批判し、リベラリズムが依拠する概念装置としての社会契約説が想定する個人の理解、すなわち方法論的個人主義を批判するのである。そのうえでケア論は、リベラルな社会においては規範的な存在としては認められない、自由意思をもって行動することが困難な者（ケア関係下にある個人）に名を与え、この社会に現に存在する個人を、主体として規範的に把握する。すなわち、脆弱な依存者／被依存者間のケアという事実を基礎に据えた規範理論（正義論）を構想するのである。[11]

三　自由意思に還元されない関係性のなかにいる個人

1　個々人の承認という視点

近代法が基調とする規範的価値は、個人を個人として尊重すべきとするところにあった。この個人の尊重(respect of individuals)原則は、個人の自由意思の尊重によって満たされるという理解の前提には、自由意思をもち、行使することのできる主体が想定されている。この想定下では、ケアとケア関係のあり方が、ケアする側／される側にとって適切でない場合、当事者から適切さを求める、あるいは関係を解消する意思が主張されなければならない。当事者らからの要求がなく当該関係が維持継続されていれば、違法あるいは著しく不当な関係の継続状態でないかぎり、関係外にある者、とりわけ公権力が当該特定の関係内に介入する理由はない。

はたしてそうあるべきか。問題が存在しないのではなく、その内部に問題が発生していることを認識する術を、既存の法理論を支えるリベラリズムが有しておらず、問題を認識する手立てとしての言葉をあらかじめ排除しているがゆえに、問題発生を知ることができないのではないか。これこそ、他者に依存する脆弱な存在としての主体と、そこで構成される〈ケア関係〉が、リベラリズム法学によっては位置づけが困難だということである。

この困難を克服することを規範理論上の責務として、ケア論は〈脆弱な存在〉としての主体をその基盤におく。「弱さについての新たな人類学的概念」を示唆し、「企業家としての人間のネットワークではなく、根本的な脆弱性の承認」による「人間の生命への配慮」にもとづいた社会理論を構想しようとする(12)。

2 個々人の承認のあり方――つながりの尊重というバージョン

本書の理解するところ、フェミニズムなどによるリベラリズムに対する重要な批判は、いかに個々人を承認し、もって個人を尊重するのかという問題にかかわる。自由意思の行使を前提とする自己決定を尊重することによって個人の尊重を図る、リベラリズム法学の手法が、個々人の承認の仕方について不当である、とされる。

リベラリズムが基底とする、自由意思の尊重＝個人の尊重は、近代法秩序の基点となる社会契約論における〈独立した個人をいかにして社会を構成する主体として位置づけるか〉という課題に直結していた(13)。近代法的思考の個人は、身分その他の社会的制度的しがらみから逃れた独立の個人として社会を構成する主体であることを、規範的に要請される。しかし、それは現実社会における実態としての事実（地の事実）とは異なる。自由な主体としての個人は、自由であることを支える人々（おもに母や配偶者等の女性）による世話によって成り立つ一方、自由であることを支える人々（同）による当該の活動を、外界から不可侵の領域としての私的領域と構成することによって公的領域から不可視化される構造を、リベラリズムは有してしまうのである。こうした問題意識をケア論は次のように引き受け展開する。

ケア論は、自由意思を行使する主体を支える〈脆弱な〉個々人らと、この事実の忘却・排除によってこそ、リベラリズムにおける主体概念が成り立ちうる、と主張し、唾棄された主体である〈脆弱な主体〉と、彼・彼女らによって構成されてしまう〈ケア関係〉を尊重することに、「個々人の承認」のあり方を見出そうとする。リベラリズムによる個人の尊重＝自由意思の尊重は、個別の人格の独立性の尊重を意図するものであり、したがってそれら独立の個々人についての「個人にもとづく平等」が要請される。これに対してケア論は、独立した個人の基盤となる〈脆弱な主体〉らによって構成される〈ケア関係〉に対して、社会は十分に配慮すべきなのであり、「つながりにもとづく平等[14]」の尊重が要請されなければならない、と主張する。キテイの言葉を借りよう。

つながりにもとづく平等は、「平等な地位にある他の個人と等しく私に与えられるべき権利は何か？」については問わない。そうではなく、問われるべきは次のことだ。「私に依存する人たちをケアし、そのニーズに応えながらも、私自身もよくケアされ、私のニーズが満たされるには、特定の関係にある他者に対する私の責任はどのようなものか、そして私への他者の責任はどのようなものか？」と[15]。

個々人をいかに承認し、もって個人を尊重すべきか、という問いに対して、ケア論は脆弱な個々人によるつながりに対する尊重をもって応える。

3　自由意思に還元されない関係性

自由な意思に還元されない関係性に規範理論上の位置づけを与えようとするケア論の試みは、既存のリベラリズムが抱える難点を明らかにしている。この点に関する著者の理解を、繰り返しになるが述べておく。

リベラリズム法学においても、自由意思を尊重することのみが自由な法的主体の尊重を意味しない。リベラリズム法学においても法人は事実として自由意思を行使することはないが、法人格を有し法的主体であるとみなされる。また医療現場においては、新生児や終末期の患者は自由意思を行使することは困難だが、彼・彼女たちはまぎれもなく法的主体であるとみなされる[16]。地の事実として自由意思を有するないし行使することが困難であるとしても、自由な法的主体として認めるべき存在が社会には存在するのである。むしろ地の事実においては、自由意思をもつ、ないし行使することが困難であるからこそ、尊重すべき法的主体としての個人という擬制をして、当該の主体を法的に尊重すべき主体とみなす。このようにみなす（擬制する）ことによって、これらの主体が法的主体であることは法的事実となるのである。

新生児や終末期の患者とそのケアをする者たち、介護される者・する者たちが、地の事実レベルにおいて自由意思の行使が可能な個々人と等しく、主体として尊重される状況にあるかについては、強い懸念がある[17]。この現状を改善すべく、法政策を支える思想の転換が、徐々におこなわれている。一例を挙げよう。

わが国の障がい者政策は、二〇〇三年からの十年に、大きな変遷を遂げた。その一端を、二〇〇三年に導入された障がい者に対する「支援費制度」に見ることができる。「措置から契約へ」のスローガンのもと、ノーマライゼーション理念を実現するため、それまで「行政処分」として障がい者サービスを決定してきた「措置制度」を改めた。この制度は、「サービスの利用者とサービスを提供する施設・事業者とが対等の関係に立って、契約にもとづきサービスを利用する」ことを趣旨としてスタートした。(18)

しかし、①障がい種別の縦割りによる利用のしにくさ、②地方自治体間に体制についての格差があること、③利用の急増による財源不足等、の問題をうけて、これらを解消するべく障害者自立支援法（二〇〇六年）により制度改正がおこなわれた。しかしさらに、新制度が採用した福祉サービス利用者の応益負担などに対する批判等をうけ、障害者総合支援法（二〇一三年）へと移行し、障がい者を総合的に支援する新制度へと変遷を遂げている。障害者自立支援法から障害者総合支援法への移行にあたり、その目的には変更が加えられており、障がい者に関する政策（障害者福祉施策）において、障がい者を個人として尊重する捉え方に重大な修正が施されたと理解されよう。

障害者自立支援法（平成一七年（二〇〇五年）法律第一二三号）

第一条　この法律は、障害者基本法（昭和四十五年法律第八十四号）の基本的な理念にのっとり、（中略）障害者及び障害児が自立した日常生活又は社会生活を営むことができるよう、必要な障害福祉サービスに係る給付その他の支援を行い、もって障害者及び障害児の福祉の増進を図るとともに、障害の有無にかかわらず国民が相互に人格と個性を尊重し安心して暮らすことのできる地域社会の実現に寄与することを目的とする。

障害者の日常生活及び社会生活を総合的に支援するための法律（二〇一二年改正、二〇一三年四月一日施行）

第一条　この法律は、障害者基本法（昭和四十五年法律第八十四号）の基本的な理念にのっとり、（中略）障害者及び障害児が基本的人権を享有する個人としての尊厳にふさわしい日常生活又は社会生活を営むことができるよう、必要な障害福祉サービスに係る給付、地域生活支援事業その他の支援を総合的に行い、もって障害者及び障害児の福祉の増進を図るとともに、障害の有無にかかわらず国民が人格と個性を尊重し安心して暮らすことのできる地域社会の実現に寄与することを目的とする。（傍点はいずれも筆者による）

残念ながらわが国の実態としては、障がい者が十分に権利行使しうる状況にあるとはいえないという声も大きい。しかし、法律の目的に示されるように、社会のあるべき姿としては、障がい者を「自立した」個人として、自由意思のもと制度利用できる主体として想定するのみでは、社会におけるノーマライゼーションの保障にいたらない。その現状認識をふまえたうえで、「基本的人権を享有する個人としての尊厳」（第一条）を尊重すべきことを本法の目的としている。ここに、個人を個人として承認し、尊重しようとする規範的主体解釈の修正がなされるにいたったと考えられる。

ケア論とリベラリズム法学との違いは、規範理論としてのケア論が、〈脆弱な主体〉等によって構成される〈つながり〉としての〈ケア関係〉をこそ社会の基本的構成単位とみなす点にあった。ケア論がつながりに対する平等な配慮と尊重の権利を正義の名のもとに要請するのに対して、筆者の支持するリベラリズム法学においては、〈脆弱な主体〉としての個人が社会に地の事実として存在することをもふまえて、あらゆる個人を規範的に尊重されるべき主体と位置づける。主体の性質を強靭である、脆弱であるとあらかじめ確定することなく、あらゆる個人が等しく尊重と配慮とを得られるべき法的主体であるとすることによって、個々人に潜在する主体性の発現を支援する。これを、個人を尊重し、承認する仕方として採用する（第三章第五節）。

しかし、自由意思に還元できない特定の関係は、その内部の個人に不自由が生み出されやすい。その不自由の存在は、関係外の人々から気づかれ、理解されづらい。こうした、気づかれない、ゆえに理解されないことの困難は、既存のリベラリズム法学における「問題が存在しない」という認識の枠組みに起因する。問題の存在・不存在に気づく以前に、特定の関係内にある当事者らは、自身の意思によって当該関係内にあり、関係を維持・継続しているのであって、当該関係からの離脱を誰も制限していない、という前提・枠組みがある。その前提枠組みでは、関係の維持・継続は原則として当事者間の合意がある、すなわち問題のない状態となる。そうである以上、存在しない関係内問題を検討の俎上に載せることは難しい。

この困難は、〈脆弱な主体〉やケア労働が抱える課題への無配慮といった地の事実が、歴史的、文化的、社会的に、そして経験として、社会の所与の条件となって受け継がれ、諸制度もこれを反映するかたちで整備され運用されていることに、多分に由来している。また地の事実とともにある現代社会は、既存のリベラリズムによって、規範的正当性が与えられている。そしてまた、地の事実とともにある現代社会は、地の事実のもとでそこに生きる人々の経験と知識とを再生産していく。

このような、言葉をもたない、自由意思に還元できない特定の関係下にある個人を含むあらゆる個人が、当該関係の内外から等しく尊重を受けられるだけの自由な社会環境の構築・維持の契機をもつことを言葉にする、これが批判的プロジェクトとしての規範的関係論である。

四　規範的関係論——向き合ってしまった者との関係

1　ケア論と規範的関係論

ケア論からの提示を規範理論上解決すべき問題とし、それがリベラリズム法学において応答すべき課題であると理解する本書の規範的関係論のプロジェクトは、自由な社会の維持・継続を構想する立場をとる。自由な社会は、個々人の自由を尊重し、個々人が自由に存在することが可能であるような制度設計を図り、これを保障することが要請され、義務づけられる。そのため、この立場から、個人を尊重し承認することを保障するという課題に応答する責務を負う。

ケア論とは〈ケア関係〉というつながりを社会の構成要素として尊重し、このことによって〈脆弱な個人〉を社会的に承認することへと接続すると主張するものと解される。この主張には、既存のリベラリズム理解および現況への批判力が認められる一方で、規範理論として難点を抱えていることを指摘できる。

〈ケア関係〉には、一方で〈ケア関係〉内の主体としての個人の尊重を確保するつながりもあれば、他方で主体としての個人を尊重しないつながりもある。DV、子ども・高齢者・患者等に対する／による虐待や、ケア関係における感情労働を担う者を尊重することの難しさ等である(19)。しかし、第二章で論じたように、どのような規準によって当該〈ケア関係〉を、関係内の主体を損傷するつながりと評価するのか。その指標をケア論内在的に導出することは困難である。

〈ケア関係〉におけるつながりは、相互に代替可能な関係ではなく、親子、カップル、介護者・被介護者といった、個別性が高く、一定の時間的共有を伴う、特定の関係を範型としている。だからこそ、当該〈ケア関係〉への参入と離脱が自由意思によるものと評価することが困難であると特徴づけられる。ケアを必要とするという個人とそれを支える個人との相互活動という、個別性の高い地の事実にもとづいて構想される規範理論において、この〈ケア関係〉のあり方は最大の特徴であり、リベラリズムに対する批判力の核心でもある。しかし同時に、規範理論を構想するうえで、難点をも生じさせる。なぜなら、個々人の承認をつながりの尊重に見出すということは、つながりに個人を埋没させることにもなりかねないからである。

したがって、つながりの良し悪しを測って悪しきつながりを否定し、個人の尊重（respect of individuals）に資する主体を承認し尊重するための装置を、ケア論外在的に調達する必要が生じる。

2　個人の尊重の仕方の修正

あらゆる個人を個人として承認し、等しく自由な法的主体として尊重することの重要性は、今日もなお、揺るがせにできない。ただし、その承認および尊重の仕方については、いくらかの修正が図られてきた。特にみずから自由意思を行使することの困難な状況下にある個人について、本人の意思を尊重するに止まらない尊重の仕方として、たとえば本人にとっての最善の利益を確保する制度の導入が各種領域でなされつつある。その一方、それら制度を支える規範理論については、十分に論じられてきたとはいいがたい。

たとえば、前述の障害者福祉施策における障害者自立支援法から障害者総合支援法への移行は、ケアされる障がい者から、尊重されるべき主体としての個人への規範的位置づけの転換という見方もできる。ほかにも消費者庁の設立（二〇〇九年）、消費者基本法の施行をはじめとする消費者保護法制化において、消費者の自己決定権の行使にあたって、当該契約等に際して消費者には自己決定を支えるさまざまな情報が、製造者、販売者の側から与えられなければならないとされた。契約の局面においても、当事者の自由意思の行使に任せるのではない個人を支える手立てが法・制度上講じられている。

さらなる展開として、医療現場とりわけ終末期における治療・ケアの決定のあり方においては、具体的な事案の発生に伴い、実態をふまえた各種の取り組み、制度整備にむけた動きがある[20]。行政上の指針や法制化にむけた議論では、患者の最善の利益保護を中核におきながら、意思決定の協働（shared decision making）が導入されようとしている。この課題は、医療の問題であると同時に、（すでに自治体が積極的にこの活動を支援する動向もあることから明らかなように）それにとどまらない人間の生の終い方一般の問題であり、かつ公的制度としてどのように構築し、運用すべきかという課題でもある。その意味で、医療現場に閉じるのではなく、当事者らに閉じるのでもない、正しさが問われる課題である。規範的関係論のもとでこの課題に取り組むにあたっては、個人の意思決定を問う前の社会条件である、正義を基底とする特別積極義務および積極的責任を認めることのできる環境整備がまずもって問われることになろう。そのうえで、制度としての意思決定の協働については、その範囲や決定にかかる制限等が制度として問われるべきである。この動向と方向性については、すでに実践レベルにおいて広がりを見せる状況にあるが、なお個人の尊重との関係をよくよく検討すべき点があり、規範理論上どう位置づけられるのかは検討を要する喫緊の課題である[21]。

さらにいえば、第一章で論じた生殖補助技術利用とともにある、出生前遺伝学的検査の課題においても、検査の受検、その後の確定検査の受検、そして事後の妊娠のありようについての決定はいずれも基本的には妊娠女性の自己決定の問題として観念され、その自己決定を支援する制度の策定と実践が、医療現場において、また行政上進められている。しかし自己決定を支援する制度が、またそれのみが、他者承認を伴う個人の尊重に資するあり方であるのかどうか。妊娠女性、パートナー、（障がいの可能性をもった）胎児、医療者等、歴史と地続きである地の事実とともにある社会環境のなか、その環境のあり方を問わなくてはなるまい。

実践上の是非を含めたこうした状況は、リベラリズムにおける個人の尊重＝自己決定の尊重という既存の手法のあり方に対する修正要請を、いっそう顕在化させる。自己決定という一事をもって、当該決定内容の正当化を図り、それ以上はさかのぼらないことにするという尊重の手法に対しての修正である。社会が多様な個人を等しく尊重することを、制度として保障することへの要請といってもよい(22)。

これらの施策は、個々人の多様性を前提にして、いかにその多様な個人を自由な法的主体として尊重すべきかという問いに応答しようとする営みの一環と考えられる。このことによって法は、秩序ある自由な社会を構築するという役割を担う。この社会が自由であることの指標は、個人が自由な存在として承認され、尊重されていることにあった。そのためには、出生時を典型として、個人は生命・身体の安全の確保に必要となる支援を得ることが保障されねばならず、その前提として、支援を要する他者をそのような者として承認する原則を要する。

社会生活を営むうえで、個人が個人として社会で自由な法的主体となり、生を営むに際しては、同じく自由な法的主体である他者の承認という課題を看過することはできない。私法における権利義務について明らかなように、権利／義務は「特定の誰かが、特定の誰かに対し、〇〇せよ（するな）と求めることができる／求められる」という関係的な概念である(23)。個人が権利行使をする際には、他者との関係が取り結ばれる。この意味で権利行使には常に、他者承認が先在する。

本章冒頭で示した範型としての親子関係や、一定の中長期的な時空間をともにしてきた介護関係をあげよう。〈子〉と〈親〉との関係におけるつながりのありようは、共有する時間と実践とともにさまざまにありうる。親は子の面倒をみ、時に子が眠りにつくまで絵本を読み聞かせる。親子間にありうる相互のつながりのありよう一つ一つは、両者の特定の関係下で生じる。仮にその母／父が、その関係から離脱した場合はどうか。その母／父の代わりの何者かと子の関係が即座に、従前同様に継続しうるであろうか。添い寝をする際の腕の角度が同じであったとしても、母／父の代わりと子との関係は、従前の親子関係とは異なる、別個新たな関係となろう（そしてこの別個の関係は、新たな特定の関係にもなりうる）。

子は、親らによる必要なケアなくしては安全に生きることができない。個人の生命・身体の安全、必要な支援関係の確保は、権利義務関係の基盤であり、自由な社会の基礎をなす。一定の継続性をもった相互に特定の関係において、上述のような一方当事者による内容変更の意思決定にもとづく権利行使がおこなわれた場合、これらの関係が特定関係下の当該当事者であるから維持継続されてきた、という自由意思とは独立の問題が内包されていることが明らかになる。このような関係下では、当事者の自由意思のみによる関係の内容変更等を実効的におこなうには困難が伴う。こうした地の事実における課題は、当該特定関係下にある関係当事者らにおける規範的関係から導出される課題である。

当該特定関係の内容変更や終了、新たな関係構築や関係内の支援関係の妥当性については、関係内外からの判断・評価が必要となろう。これらの判断・評価を下す際に、当事者の生命・身体の安全をはじめとする生活の基本的事項に影響を及ぼす関係性のあり方について、当事者ら個々人の尊重が当然に要請される。そうでないかぎり、地の事実としての当該特定の関係性の維持に実効性をもたせることは困難である。また、規範的関係として妥当性ありとすることもできない。つまり、この特定の関係性の維持継続は、他者を自由な法的主体としての個人として承認することが前提となっているのであり、これを確保することは規範的要請である。[24]

無論、親子関係や介護関係を範型とすることについては、地の事実として、そのつながりの特殊性・例外性を強化するようにみえるかもしれない。しかしながら、生と死という生の両端領域における個人の尊重をいかに保障するのかという問いこそ、規範理論の根本問題とする本書は、親子関係や介護関係は、規範的関係の基点となる範型となる。

3 向き合ってしまった関係

個人を個人として承認することはすなわち、他者を、私と等しく自由な主体としての他者として承認することである。他者を承認することは、個人の尊重（respect of individuals）の基点であり、個人の尊重の意義もまた、ここにある。他者を私と同じく自由な法的主体であると承認し、自らと同じく尊重すること／されることが、すなわち個人の尊重の核心である。換言すれば、私が他の何者でもない私であることとともに、他者が何者でもない他者であることを意味する。

他者との関係のあり方には、親子、兄弟姉妹、友人、ご近所、教師と生徒、同僚、知人、雇用労働関係その他の契約関係等々、諸々の形態がありうる。これらの関係のなかには、当事者による自由意思によらず、取り結ばれてしまった関係も少なくない。親子、兄弟姉妹はもとより、当初はいずれか一方による自由意思にもとづいてはじまったとしても、当該関係が継続的に取り結ばれた結果、相互に代替困難な特定の当事者性をはらむ関係があるのであり、典型的には親子にみられる、こうした関係のあり方こそが、社会構造の基点である。

この、いわば〈向き合ってしまった人との関係〉においては、ただ他者に規制的に関与しないことで他者の自由を尊重する義務を負うということにとどまらない。他者の存在を積極的に承認し、これを助けることが義務として要請される。道徳的にはこれを積極義務と称し、普遍的に要求されることのない義務、すなわち不完全義務に類別され、法的義務としては明示的な位置づけを得ることがなかった。しかし、ローマ法以来、この関係は継続して法体系内に組み込まれてきたものであり、かつもちろん近代法体系下においても位置づけられてきた。この点について、今日のリベラリズム法学は、法的問題としては、特別な、あるいは周縁の例外に位置づけてきたとみえる(25)。

わが国の民法上、事務管理（民法第六九七条）においては、義務のなかった他者とのあいだに特定の規範的関係を形成したとみなされ、当該他者に対して一定の義務が発生する。契約がなくとも債権の発生原因の一つとして認められる事務管理制度は、ローマ法にその起源が認められ、事後、大陸法系諸国で受容され展開を経た。わが国においてはおもに、ドイツ法の影響を受けて、明文化されるにいたったとされる(26)。ただし、自由意思を基底とする近代法原理においては、いささか収まりの悪い制度であり、この制度自体に対する法哲学的検討は本書で論じるには及ばないが重要な課題である。ここでは、「当事者による合意によらずとも、特定の他者のためにする行為である場合、当該他者との関係は特定の規範的関係にあるとみなされ、当該他者に対して一定の義務が生ずる」との考え方を近代法が継受し、明文化していることを示すにとどめる。

自由意思のみに依拠した制度設計および制度運用の困難が指摘されて久しい現代社会においては、当事者の自由意思にもとづかない一定の義務の付与を認めることにも一定の合理性がある。このことは、現代の法的規律において、情報流通の多様化と社会構造の複雑化に伴い、自己決定の尊重のみによっては当該主体の尊重を図れないことがすでに、受容され、浸透していることにも見出されよう。上述した、消費者保護法制や、障害者福祉施策における主体尊重のあり方の移行も、その例を示している。

もちろん自由意思のみによらない関係に認められるべき義務については、個々人を法的主体として承認し尊重するという観点から、一定の類型化が必要となる。もし利他主義の観点から当事者の意思とは無関係に一方当事者に他方当事者への義務を負わせるならば、主体の尊重のあり方として近代法原則に違背し、当事者に過剰かつ不当な負担を負わせることになりかねない。したがって個人が他者に対して一定の義務を負うことは、当該主体が、当該他者のために個別の合意がなくともその生を支える立場にあること、すなわち当該他者とのあいだに特定の関係を構成していることが求められる。同時に、この義務をはたすことは、当該他者を、みずからと同様に法的主体として承認することを意味する。

このようにして、人間の生の起点を典型とする関係は〈向き合ってしまった関係〉というべき関係となる。この〈向き合ってしまった関係〉において一方が他方に対して片務的に義務を負うことは、自由な社会における個人の尊重のあり方の基盤である。

五　むすびにかえて——自由な社会を構想する規範的関係論

ここまで、特定関係下に認められる片務的義務、換言すれば〈向き合ってしまった者との関係〉において、一方が他方に対して負う義務について、個人の尊重の観点から論じてきた。この意図は、現代社会において近代法を支える「イズム」としてのリベラリズムのプロジェクトの可能性を、いまいちど問うところにある。

国家はここまで論じてきたところの個人の尊重を実現する法制度設計と運営を担うことによって、自由な社会の秩序構築に責任を有する。近代法秩序にもとづく国家とは、自由な社会を構想する国家である。自由な社会は、社会内にあるあらゆる個人を他の何者でもない個人として尊重すること、すなわち個人の尊重（respect of individuals）を醸成する社会であった。他者を他者として、みずからと等しい自由な法的主体として尊重することによって、あらゆる法的主体は等しく自由な主体として尊重されうる。もちろん個々人にとってどのように対処されることが自由な主体として尊重されることになるのかについては、個別的類型的な検討に加えて、環境の制度整備――画一化されることのないさまざまな自由のあり方を思考するための、自由な思想流通の確保等――を、より具体的に検討する必要があろう。

本書は、規範的関係論、すなわち規範理論としての関係性概念を取り込んだ個人の尊重の観念を、自由な社会を構想するリベラル・プロジェクトの一環として提示してきた。このプロジェクトは、個人の尊重にはじまるという近代法の思考方法と一貫する点、そしてまた自由な社会を基本構想とする点で、特段新規のものではない。しかし、従来言語化されないままに近代法体系内に組み込まれてきた名前のない概念を、〈向き合ってしまった者〉との関係下に生ずる規範的義務として本書で提示した。

本書第一章では、出生前検査を契機として、妊娠女性が自らの身体の中にある胎児との関係を、どのように考えるかという局面に着目した。妊娠女性はこの時胎児と向き合ってしまったといえるのかどうか、向き合うこと自体が自己決定に委ねられているのではないか、また向き合ってしまったといえるだけの環境がこの社会に整備されているのか。規範的関係論の立場からは、こうした問いが生み出される。

この局面で問われるのは、誰を〈向き合ってしまった者〉とすべきであり、誰とどのように向き合うべきか、向き合うにはどのような環境整備が必要であるのか、またその前提として、向き合うかどうかを選択するということはどのようなことであるのか、である。これらの問いは具体的には妊娠という経験のただなかにある女性が、パートナー等との関係でどのように個人として尊重されうるのか（そこにどのような義務と責任が認められるのか）はもとより、誰かの支援なくしては身体の安全性を確保することが困難な（とりわけ障がいのある）胎児とその先にある子どもと、彼／彼女らをとりまく制度にかかる問題として現れている。

これら生の両端領域にかかるいくつかの具体的な課題を挙げながらここまで論じてきた。これらの具体的課題を挙げた意図は、理論の当てはめ問題としての例示ではなく、これらの課題を考え、帰結を受け止めるにあたり考える方策を検討しようというものである。もちろん具体的な課題には個別具体性があり、一様の回答が得られるわけではない。しかし考えるべき道筋、視角、論点を導出するその契機を、理論は提示する責任がある、と筆者は考えている。また同時に、具体的課題からは切り離された理論の側から、理論が実践的課題について統合的に説明できるものであるのかどうかを考える契機が得られるとも考えられる。理論と実践の相互浸透（相互交通）の意義はこのようなところにあるのだろう。

本書の冒頭でも論じたとおり、生の両端領域に生じる人間の生にかかる諸問題は、生命・身体を維持するために助けが発生する局面である。これは事実として不可避であり、この事実には誰かが向き合わなくてはならず、それを支える環境は自由な社会の基本条件である。〈向き合ってしまった者〉とのあいだに、正義にもとづくかぎりにおいて一定の義務（特別積極義務）が認められると論じた。この領域の問題を、法の（例外・周縁ではなく）基本問題と捉えようという規範的関係論の構想は、自由な社会の基本条件としての環境を基礎とする。

本書が試みてきた規範的関係論は、法的思考の基点を人間の生の両端におき、他者に依存するニーズをもった主体との特別な関係という小さな集団内に認められるメンバーシップを法的権利義務の基礎において構想する。このことは、個人の尊重の仕方に新たな視角と言葉を与えうる。この意味で、いまだ終わらないリベラル・プロジェクトに参画することになるのである。

注

（1）序章、前掲注（16）、嶋津（二〇一一）「第一三節　自由のみでどこまで行けるだろうか」一六五—一六六頁（初出、高橋久一郎編『応用倫理学講義7　問い』（岩波書店、二〇〇四）。

（2）岡野八代「ケア／ジェンダー／民主主義」『世界』九五二号（岩波書店、二〇一二）九二—一〇六頁では、ケア概念として、定義（九五頁）と実践上の特徴（九八頁）が示されている。本書が取り組む規範的関係論とは一線を画するケア論ではあるが、規範的関係下における片務的義務を論じるうえで、参照される重要な観点である。

（3）第二章ではケアの倫理がもつ意義とともに、これを批判的に検討した。またケアの倫理およびこれにもとづくケアの正義論についてフェミニズム法理論の観点からの展開として、第一章、前掲注（1）、池田（二〇一一）。

（4）代表的論者による著作として、序章、前掲注（17）、Kittay, 1999（邦訳、二〇一〇）。

（5）「自由な社会」をめぐっては、これまでにも数多くの議論の蓄積があることについては言を俟たない。特に本書の関心から参照されるものとして、橋本努『自由の社会学』（NTT出版、二〇一〇）、特に第一章を参照。

（6）前掲注（1）、一六八頁。

（7）この点の仔細な検討として、第二章、前掲注（20）、岡野（二〇一二）を参照。

（8） ケア論の内部においても諸々の議論形態があるため、ここではいささか大づかみな整理をおこなった。なお、個人の脆弱性に特に着目する議論として、Robert E. Goodin, *Protecting the Vulnerable: A Reanalysis of Our Social Responsibilities*, University of Chicago Press, 1985.

（9） 序章、前掲注（17）、Kittay, 1999（邦訳、二〇二三）、特に第六章を参照。

（10） 序章、前掲注（17）、Kittay, 1999（邦訳、二〇二三）、特に第一章を参照。

（11） 序章、前掲注（17）、Kittay, 1999（邦訳、二〇二三、三五一頁）。このことは監訳者あとがきにおいても明示される。「依存と依存ケア労働を含み込んだ、正義と平等の理論をうちたてようというのが、キテイの本書でのねらいである」。

（12） Fabienne Brugère, *L'éthique du « care », collection Que sais-je?*, Presses Universitaires de France, 2011, 2013（ファビエンヌ・ブルジェール（原山哲／山下えり子訳）『ケアの倫理――ネオリベラリズムへの反論』（白水社、二〇一四）五六頁）。

（13） 社会契約論の理解については諸々の解釈があるが、社会規範の成立根拠である国家の力ないし権威を、身分制ではなく、個人という主体の自由意思を理論的基礎におくとしたことについて、ホッブズ、ロックを代表とする社会契約論上の理解を前提とする。

（14） 序章、前掲注（17）、Kittay, 1999（邦訳、二〇二三、七九頁）。

（15） 序章、前掲注（17）、Kittay, 1999（邦訳、二〇二三、七九頁）。

（16） ここでいうところの「彼／彼女たちはまぎれもなく法的主体であるとみなされる」かどうかについて、疑問を呈する見解も存在する。フェミニズム法理論家マーサ・ヌスバウムは、ケイパビリティの平等の立場から、平等を尊重し保護されるべきケイパビリティについての基本とするリストを明示するが、そのリスト化の下で以下のように論じる。「……いくつかの種類の知的喪失はあまりに深刻なため、その生は人間の生ではまったくなく、異なる形態の生であるとするのが理にかなっているように思われる。持続的な植物状態にある人、あるいは無脳症の子どもを、人間と呼ぶように私たちを導くのは、情操だけである。」と論じる。人間と呼ぶかどうかの線は、（ここでは）「意識覚醒および他者とのコミュニケーションの可能性」であることが示される。Martha C. Nussbaum, *Frontier of Justice: Dignity, Nationality, Species Membership*, Harvard University Press, 2006, 181, 187（神島裕子訳『正義のフロンティア　障碍者・外国人・動物という境界を超えて』（法政大学出版局、二〇一二）二〇九、二一七頁）. 本書の立場からは、人間の尊厳に相応しいかどうかという観点から尺度を当てはめるという思考は採用しない。

（17）具体的には、いわゆる尊厳死法案の国会上程をめぐる問題が挙げられる。本人の意思にもとづいて死が正当化され、加えて本人の意思にもとづく（尊厳）死の実施について、医師が法的責任を免責されるとする案について、終末期と称される状況下にある者が、身じまい（死）へと促される環境を、社会が醸成することの懸念である。このような問題を指摘するものとして、立岩真也『希望について』（青土社、二〇〇八）、同『良い死』（筑摩書房、二〇〇八）、児玉真美『死の自己決定権のゆくえ――尊厳死・「無益な治療」論・臓器移植』（大月書店、二〇一三）等。

（18）厚生労働省ウェブサイト内、平成一三年三月六日 厚生労働省 社会・援護局障害保健福祉部支援費制度Q＆A集 https://www.mhlw.go.jp/general/seido/syakai/sienhi/qa.html

（19）感情労働については、Hochschild, Arlie, *The Managed Heart: Commercialization of Human Feeling*, University of California, Press. 1983（石川准・室伏亜希訳『管理される心――感情が商品になるとき』世界思想社、二〇〇〇）以降、特に看護領域に端を発し、看護・介護現場において検討が進められる概念である。看護師・介護士等が、看護・介護現場で自らの抱く感情と、当該現場でとるべき行動の背景に想定される感情とのあいだにずれが生じる際、自らの感情を管理すること（emotional management）が職務上要請される労働を感情労働（emotional labor）としている。

（20）終末期における生の全うの仕方ないし死の迎え方にかかる具体的事案としては、東海大学における患者に対する医師による塩化カリウム投与・死亡事件（一九九一年）、川崎協同病院における患者に対する医師による筋弛緩剤投与・死亡事件（二〇〇一年発覚、二〇〇九年殺人罪確定（最（三）決平成二一年一二月七日刑集六三巻一一号一八九九頁以下）等、さらには厚生労働省指針「終末期医療の決定プロセスに関するガイドライン（二〇〇七年）」策定に直結した事案として、富山県射水市民病院における医師による患者の人工呼吸器取り外し事件の発覚（二〇〇六年）をはじめとする諸事案がある。

(21) 検討の契機として、第五章、前掲注（19）、野崎亜紀子（二〇二一）を参照。

(22) この問題意識にもとづき生殖にかかる規律について、以下で論じた。序章、前掲注（9）、野崎亜紀子（二〇二四）。

(23) 亀本洋『法哲学』（成文堂、二〇一一）一二〇―一三七頁。

(24) この問題を、取引費用の問題と捉えることもできよう。一定の関係を取り結ぶ際、一定の他者承認プログラムを受け入れることは、事後その内容の変更や終了の実効性を確保することによって合理的である。取引費用と規範問題については、嶋津格「人間モデルにおける規範意識の位置――法学と経済学の間隙を埋める」宇佐美誠編著『法学と経済学のあいだ』（勁草書房、二〇一〇）四五―六一頁。

(25) この点を指摘のうえ本書第五章で論じた。なお、いうまでもなく、カント以来の個人の尊重を支える自律的主体概念にもとづく、法と倫理の峻別の基盤となる自律と他律の峻別の議論がある。しかしすでに指摘されてきたように、自律の基礎となる法と倫理の内的連関について、現代リベラリズムを問い直す契機が得られる。三島淑臣「市民社会における法と倫理――思想史的視角からの一アプローチ」日本法哲学会編『法哲学年報一九七五』（有斐閣、一九七六）五八―八二頁。

(26) 事務管理をめぐるローマ法からの継受にかかる研究は多数に及ぶが、ここでは他人の生にかかる観点から、芦野訓和「他人の生命の救護及び健康を維持する行為と事務管理（その一）」『明治大学大学院　法学研究論集』第一号（一九九四）一九―三五頁。

補論　ケアの倫理とリベラリズム
——リプロダクション（生殖）をめぐる視角から(1)

一　問題の所在——個人の尊重と〈わたしの問題〉〈わたしたちの問題〉

ご紹介ありがとうございました。野崎と申します。よろしくお願いします。私は大阪府立大学とは、いままで特段、かかわりがなく、みなさま方とも初対面であろうかと思います。現在は京都薬科大学で教員をしております。専門は法哲学です。法哲学を一言で言えば、「法って何?」を問う学問です。社会に存在し、機能していると考えられる〈法〉とは一体どのようなもので、それはなぜ、どのように機能するのか、といった問いを立て、この問いに取り組むなかで、法的権利や義務、権能といった概念、意義や機能、またこれらを支える正義とは何かについて考える学問だといったらよいかもしれません。

ただ法や権利というのは何を考えようとしているのか、わかりにくいところがあります。そもそも法の機能は、目に見えてはわからないことも少なくありません。たとえば目の前にある自転車の売買契約について考えてみましょう。売主、買主両者の間で当該自転車の売買契約が成立すれば、自転車は変わらずそのままあるとしても、「契約が成立すると当該自転車の持ち主が変わる」というような劇的な（?）権利関係の変化が起こります。しかし目の前では何も変わらない、自転車はそこに置きっぱなしになっています。こういうように、法の機能する場というのはわりとバーチャルな局面も少なくありません。他方、法や制度が作られると、人はそれに従ってそれまでの行動を変えたりもします。法というのは考えてみると、なかなか捉えにくいものかもしれません。

私は特に、そういうところで実際に受容されている、みんながもう受け入れていて、それにもとづいて行動し、そこに法やルールが関与しているのだけれども、それを説明する法的な言葉がきちんと準備されていない、という局面に関心をもっています。「なぜそうなるのか」「そうあるべきであるのか」についての説明が言葉によってなされないまま、実際に法やルールが機能している状況や事態というのが、どうもこの社会のなかにありそうだ。そこに着目して法的言語で語ってみよう、語るべきだ、ということが、私の研究上の問題意識なのです。法哲学はたくさんの人が研究していますが、私自身はわりと当たり前のことでも論じられていない部分について、法的な言葉を準備しようとしています。

法哲学者を含めさまざまな法理論家は、いろいろな言葉を西洋近代の言葉として受け入れつつ、また日本独自の言葉も作りながら、いままでやってきました。けれども、法の言葉で論じることが足りていない部分があるように思います。それには二つの意味があると考えています。一つは、法的な言葉で語るべき新たな局面が発生しているのに、従来の法が想定していないため、語る言葉がない、という場合です。そしてもう一つは、法は当たり前のことをわざわざ書いていない場合です。当たり前なので、あらためて「なぜ」と問う必要が生じたときに言葉がない、となります。そういった問題について、必要ならば言葉を準備したいし、すべきだ、というのが私の関心事なのです。

特に二つめの問題に取り組む場合、私自身は、わりと当たり前なのに論じられていない部分について法的な言葉を準備しようというわけですから、特段目新しい斬新な議論を展開するのではなく、当たり前に通用してきたことについて論じていこう、そして言葉がないからといって、まったく新しい言葉を作るのではなくて、既存の言葉で使えるところは十分に使っていこうという考え方です。ですから、私のスタイルはあまり目新しくなかったり、結論としては当たり前のことを論じていたりする場合が多いのだろうと感じています。

法哲学の研究では、法を哲学探究の対象とする以上、さまざまな（時に非現実的な）思考実験や、常識では考えにくいような理論、日常生活とどう結びつけて考えたら良いだろうといった議論を扱う場合も少なくないですが、私自身は、あまりそういうことに関心がありません。その意味では、法哲学なのだけれども、あまり哲学的ではないように見えるかもしれません。

法律は、書かなければいけないことを書きますが、普通、当たり前のことはいちいち書きません。公序良俗、つまり公の秩序と善良の風俗に反するから契約は無効だとか言ったりしても、ではその公の秩序と善良の風俗とは何かということをいちいちリストアップなどしません。もちろん、それにかかわる裁判がおこなわれれば、判断が一つ明らかになって、それらが積み重なればその意味するところも見えてきたりするものです。

では、私が想定している「法的な言葉が足りていないのではないか」と考えるものは何か、です。その一つは、家族についてです。家族についての法として、民法のなかに家族法がありますが、家族にかかわるさまざまな問題について、法理論は十分な言葉を準備してこなかったようです。どちらかというと準備しないですませる状況がつづいてきたのかもしれません。とはいえやはり言語化する必要のある部分があったはずで、しかも昨今の家族や子どもをめぐる問題をふまえれば、いまはもっとあるはずで、そういったことについて考えたいと思っています。

現代社会で機能する法を支える考え方、思想、「イズム（ｉｓｍ）」であるリベラリズムは最近旗色が悪いのですが、私自身は、一応法理論を検討する者の一人として、リベラリズムのスタンスに足場をおいています。ただ、この思想が現実的にいろいろな批判にさらされていることも承知しています。

とりわけこのリベラリズムというのは、個人を基本単位としていて、個人の自由、リバティを尊重する、個人の自律性を尊重する、ということに非常に重きをおきすぎている、としばしば批判がなされます。個人の自由を尊重するという場合、「そのフィールドに立つこと自体が難しい人のことをどうしてくれるのだ」という批判があることも重々承知していますし、とても大事な批判だと思います。では、「もうリベラリズムという考え方は役に立たないから捨ててしまっていいか」というと、私はまだ見どころがあるし、捨てるには惜しい「イズム」だと考えています。何かうまくいっていないのはリベラリズムのせいなのか、それともリベラリズムをうまく機能させない何かがあるのか。もう少し、そのリベラリズムということを真面目に考え直していく必要があるのだろう、と考えるしだいです。

世の中に法律はたくさんあって、制度が作られていて、実際に世の中はそれとともに動いている以上、「まったくのゼロからよい世界について考え、社会を変える法制度を作りましょう」というわけにもなかなかいかないのではないでしょうか。そういうことをすると、制度導入のコストのようなかたちで、最もいってはいけないところにシワよせが生じてしまうことも少なくありませんから。この枠組みのなかでできることを考えたい、というのがここでのテーマになります。

オルダス・ハクスリーの『すばらしい新世界』の冒頭に、非常に著名な文章が引用されています。ロシアの哲学者、ニコライ・ベルジャーエフの言葉です。要するに、わたしたちはユートピアを目指してはならない、ユートピアを目指さないような方法を考える必要がある、そういうメッセージです。

ユートピアは、かつて考えられていたよりも、ずっと実現可能なように思える。われわれは今、従来とはまったく異なる憂慮すべき問題に直面しているのだ。ユートピアが決定的に実現してしまうのをどう避けるかという問題に。ユートピアは実現可能である。社会はユートピアに向かって進んでいる。おそらく、今新しい時代が始まろうとしているのだろう。知識人や教養ある階層がユートピアの実現を避け、より完璧でない、もっと自由な、非ユートピア的社会に戻る方法を夢想する時代が。

オルダス・ハクスリー（黒原敏行訳『すばらしい新世界』（光文社古典新訳文庫））

こう言っています。特に法学者は、社会はこうあるべきだという姿を想定して、その実現のために法律を新しく作ったり改定したりすることで社会を牽引していこう、ということに消極的です。危険視しているといってもいいかもしれません。

法律や制度というのは怖いところがあって、「制度でこうします」「こうしなければいけませんよ」と言うと、（これは特に日本ではということもあるのかもしれませんが）一人一人の人間、わたしたちの一挙手一投足、それこそ手の上げ方下ろし方というのでしょうか、人の動き方、行動の仕方まで規定されているかのように機能します。そうすると、人の考え方というものも徐々に、その動き方によって規定をされていく、作られていくのです。

かつて、世の中をよくしようと思ってユートピアを目指した立法者たち（またその助力をしたさまざまな専門家たち）が法制度を作ってきましたが、その先に何が起こったでしょうか。それを、おそらくわたしたちは歴史的に学んできたはずです。ユートピアを目指して立法、さまざまな法制度を作ってきた。少なくともエリートたちはそう思ってきたのかもしれません。しかし、その行き着く先は多くの場合、深刻なディストピアであったということは、わざわざ戦時体制を思い出すまでもなく、さまざまな局面で生じていたのではないかという気がしております。

法律家はまどろっこしいし、ものごとを良くするために動いてくれないといわれることがよくあります。「こんなおかしなことが起こっているのに、どうして法律による規制に消極的なのか。規制できる法律を新しく作ったり、法律改正をしたりするように積極的に活動しないのですか」と。けれども、社会の設計を計画的に考えて法制度を作って牽引していくことの恐ろしさと同時に、「それほど計画どおりに世の中は動かない」というように法律家は考えるのです。設計主義的なものの考え方と実践は、場合によって非常に多数の人々を不幸にし、時に命さえも奪う。そういう批判的見方が法律、あるいは法律を支える「イズム」にはあるだろうと考えております。この意味で法律家は、謙抑性というものを旨として物事を考えます。

さて本日の話の論点は二つあります。一つは、私の生活にかかわる〈わたしの問題〉と、私たちの社会にかかわる〈わたしたちの問題〉という考え方です。両者は別々のことのように見えるかもしれないのですが、実際には〈わたしの問題〉のなかに、〈わたしたちの問題〉は含まれている、ということです。いま非常に抽象的な言い方をしてしまいましたが、また後で展開したいと思います。

もう一つが、リベラリズムでいう個人というものについての考え方・捉え方です。私の考えていることの基盤には、「この個人というものを、どういうふうに扱おうかしら」という問いがあります。個人を支える環境整備がどのようにして可能かを考える方向づけが、そもそもリベラリズムには内包されているはずなのだけれども、そのあたりのことがあまり議論されることがありません。あるいは矮小化して議論される場合があるようにみえるのです。このあたりのことをもう少し考えていきたいと思っていて、今日は、「こういう考え方がもともと内包されていませんか」という視点で、「承継（entailment)」、つまり引き継ぐということについて最後に一言、提唱したいと思っています。

二　人口をめぐる状況

本日は「人口をめぐる状況」についてお話ししようと思います。今回、生殖・家族がテーマに掲げられています。多くの場合、生殖によって近しい関係が新たに作られ、できあがっていきます。そうして家族を形成するわけですけれど（もちろんそこにはさまざまな生殖、家族のかたちがあることを忘れてはなりません）、法や制度という観点から生殖を扱う場合、大きく二つの観点があると考えます。まず、新しい子どもを産み出すときに、産み出す側のカップルがどのような家族を作っていきたいのか、という問題です。この観点から捉えれば、生殖は非常にプライベートな〈わたしの問題〉として考えるべき事柄です。しかし他方で、この社会のメンバーとしての子どもを産み出すという観点からすると、今後どういうかたちでこの社会を維持・継続していくのか、という非常に公共的な関心も高い場面になります。つまり〈わたしたちの問題〉として考えるべきことがらになる、というわけです。生殖をめぐってはこの両者の関係について考えていく必要がある、と考えられます。まずは公共的な観点、いわゆる〈わたしたちの問題〉として、この生殖問題を捉えてみようと思います。

そこで人口問題という視角から考えてみます。ご承知のとおり現在、世界の人口は増えつづけています。爆発的増加という言い方もされており、その状況はしばらく継続すると考えられています。ただ近い将来には、増え方は緩やかになるだろうとも言われています。予測なので、本当に何が起こるかわかりませんが。地域や時間によって取り組むべき課題を区別すべきですが、長期的なスパンで人口の増減を捉えると、いずれ人口は減少していくことがリポートなどで示されています。

この、人口減少に伴う問題を先取りしている地域として、われわれ日本も挙げられます。国連が出している資料によれば、インドは別ですが、アジア諸国にはすでに減少化傾向があるところがほかにもあります。またヨーロッパの一部や北米も、すでに減少に転じています。

さて日本の状況です。二〇一七年のデータによれば、二年連続で年間の出生数が一〇〇万人を割り、合計特殊出生率（生涯で女性が産む子どもの数。ここでは出産可能な一五歳から四九歳までの年齢を指し、そのなかで何人産むか）は一・四三です。またこうした状況が続いています。

このデータを、もう少し数字として分析してみましょう。今年二〇一八年九月一日現在で総人口は一億二六四二万人であり、予想によると二〇六五年には一億人を割り込んでくるだろうと言われています。出生数に関しては、二〇一六年は九七万七千人程度だったのが、九四万人ぐらいになるということです。合計特殊出生率もポイントが下がっている。こういった状況下に、わが国はあります。

このような人口の状況下で、生殖をめぐる今について、以下お話を進めてまいりたいと思います。

三　生殖をめぐる今

「生殖をめぐる今」について、気になっていることを紹介しながら、みなさんと一緒に考えたいと思っております。気になっていることとして取り上げるのは、次の二つの事案です。

旧優生保護法下における強制不妊手術問題

いまごろになってというべきかもしれませんが、生殖にかかわる問題として、旧優生保護法制下における強制不妊手術問題が二〇一七年一一月に大きく報道されて以降、訴訟の提起と同時並行で都道府県等自治体における資料の調査等がおこなわれ、また、当時の被害者である強制不妊手術をされた方々への救済立法にむけて国会議員らが活動していると聞いております。

ただこの問題は、いまはじめて明らかになった問題ではありません。私も大学で教えるようになって十六、七年になりますが、もっとずっと以前、私自身も大学院生の時分から知られていたことでした。少なくともこうした問題に関心がある研究者は講義などで取り上げ検討してきましたし、私が担当する法学の講義でも取り上げてきました。二〇一七年一一月に、当事者の方が訴訟を起こす準備があることが報道されて以降、本当に大きく社会で認識されるようになったと思います。

これは旧優生保護法下における強制不妊手術という問題です。現在は法律の名称が変わっていますけれども、歴史を顧みれば第二次大戦後の一九四八年に優生保護法は制定されました。その第四条に「その疾患の遺伝を防止するため優生手術を行うことが公益上必要であると認めるときは」うんぬんとあって、「申請しなければならない」という言葉で、優生手術（いわゆる断種等の不妊術）が強制的な実施につながる条項となっています。

第一二条にも同様なことが書いてありまして、そういう疾患に関しては、規定する保護義務者の同意があった場合には「～申請することができる」という任意の条項になっています。実際問題としては、任意であったとしても、きちんとした手続きが取られていたのかが非常に疑わしいという資料が最近発掘されています。なぜそれが残っていたのかという話もあるのですが、「人知れずロッカーにありました」とか「キャビネットに入っていました」とかいうのがぼろぼろ出てきているような状況にある模様です。むしろ最近のものの方が、規定によって廃棄しているということを耳にします。

一九九六年に優生保護法という名の法律はなくなりました。それまで優生保護法という名前の法律があったということも驚きかもしれませんが、ともあれ一九九六年に母体保護法へと変わっております。

戦前から優生保護法にあたる法律の前身があるわけですが、とはいえ戦後にこうした法律ができるというのは、それはそれで事情があったのではありますがわが国日本も不思議だなと思います。もちろん、優生思想というものが、それこそ二〇世紀初頭、最も先進的な、エリート層の人たちが素晴らしいと思って受け入れた思想であったことについては、しばしば論じられるところです。優生保護法に関しては、わが国の女性解放運動などでかなり大きな影響力をもった加藤シヅエさんや福田昌子さんといった方たちが、率先して優生保護法の法制定過程で役割をはたして作り上げ、国会に提出をし、成立したという日本の流れというものもまた、皮肉といえば皮肉な状況に感じられます。これは本テーマとかかわる、最近注目している一つ目の話です。

不妊治療の進展

もう一つ気になっていることは、不妊治療の動向です。最近、女性の働き方や、婚姻のあり方、家族のあり方というのも変わってきました。子どもを産む機会、子どもを産もうという環境と個人個人の状況とのあいだにずれがあるようです。産婦人科の先生におうかがいすると「早いうちに産んでもらった方がいいのだけれども、なかなかそうもいかなくてね」といわれます。

子どもを産む力、いわゆる妊孕力というのは年齢が進むにつれて下がるというようなこともいわれておりまして、なかなか難しい状況がある。あちこちの不妊クリニックが大きく宣伝されたりして、不妊治療、生殖医療技術利用に非常に期待をかけておられる方々もいるということかと思います。

現状、不妊治療はお金がかかるので、治療に対する助成制度がかなり広くおこなわれております。この状況がいろいろと報道されています。私もその情報を見聞きしますが、そこはちょっと気になっているところです。今日は、これを取り上げておきたいと思っています。

先ほど「不妊治療にはお金がかかる」と申し上げました。詳細は省きますが、経済的な理由により不妊治療の継続が難しいケース、逆に「これだけお金をかけたのだから」、また「これだけ耐えて頑張ってきたのだからきっと次は」と途中でやめられないケースなど、おのおの難しい問題をはらむのが不妊治療です。この治療への助成制度が昨今高まりをみせています。「特定不妊治療費助成制度の実績」（厚労省）を見れば、本当に右肩上がりの状況になっています。

生殖補助技術についてはいろいろな技術開発があり、その恩恵を活用したいと願う人は多いものの、経済的問題がある。それに対して国家、あるいは行政団体、地方自治体などが、金銭的な助成をしています。これがもう一つ、気になっているところです。つまりは、こういった助成制度というかたちでの、国家あるいは自治体といった公権力と、個々人たちのプライベートな生殖とのかかわり合いが、どういう環境下で、どういったあり方でおこなわれているのか、です。

この話は、いまこの事態と共存するもう一つの流れとともに捉える必要があるだろうと考えています。不妊治療では生殖補助技術の利用を実践するわけですが、その生殖補助技術は大きな進展を次々と遂げて、たとえば出生前に、お腹の赤ちゃんの状況がかなりわかるようになってきています。赤ちゃんというほどまで大きくもなっていないような状況の、出生前診断、あるいは受精卵が女性の子宮内に着床する前の診断とか、そういった技術力が高まりをみせています。

数年前に新しいタイプの出生前検査が日本に導入されました。それ以前の検査よりも、お母さんの体への侵襲の度合いが非常に低い検査です。わずかばかりの血液をお母さんから採取するだけですむ検査です。それで何を測るかというと、お母さんの血液の内部にある赤ちゃん由来の成分から、一部の染色体異常の有無を調べます。これを非侵襲型出生前遺伝検査（ＮＩＰＴ）といいますが、その検査精度が従来のその他の検査よりも非常に高いことがメディア等によって喧伝されました。このとき不正確な科学的理解にもとづいた説明がなされていろいろな問題が生じたこともあり、この検査技術を用いる医療者の側にもすぐに一般診療に広げることに対する懸念も示されました。その結果、一般診療として実施するのではなくて、臨床研究として、特定の医療機関のみではじめることになりました。なお二〇一八年、臨床研究を経ていよいよＮＩＰＴを一般診療へと拡大利用しようという流れになりました。

さて不妊治療での生殖技術の利用は、どういう環境下にあるのでしょうか。体外受精が典型的ですが、生殖を外部からコントロールします。となれば、子どもが欲しくて不妊治療を受けるのだけれども、その際、生殖技術によるコントロールで授かった子の状態もまた、いま申し上げたような検査技術によって、その詳細がわかります。子どもを作ることと、子どもの状態を知ること（ここでは遺伝検査により染色体異常の有無を知ること）とは、なかなか切り離して考えることの難しい問題です。こうした環境下で不妊治療は広がっていて、それに対して自治体・国が当事者たちに金銭的な助成をおこなう、という格好になっています。

子どもをもつ・もたない自由

さてこの二つの問題が、私には気になっていて、ここから今日のテーマに本格的に入っていきます。いまお話しした二つの話はいずれも、家族をどのように作るかにかかわっています。言い換えれば、「子どもをもつこと」にこれらはすべてかかわっています。しばしば「子どもをもつ権利」といわれますが、ここで私は、「子どもをもつ権利」を言い換えて、「子どもをもつ・もたない自由」と捉えておきたいと思います。「子どもをもつ権利」の意味合いは、それぞれ主張する人によって言葉の重みが違っていて、もっと積極的に「子どもを得ること、これは人間の基本的な権利なのだ」という主張もあります。しかし現実的に、子どもを得るということは事実としてそんなに簡単なことではありませんで、妊娠してから子どもが体外に出て生まれてくるまでには、さまざまな偶然ですとか、いろいろなことが重なっています。そこまでを全部基本的な人権だといわれると、それはちょっと現実とは違う話ではないかなと考えられます。それは権利がもつ意味合いの問題かもしれません。

いずれにしても、子どもをもつ自由・もたない自由をはじめ、子どもをもつことにかかわる問題は高度に私的な問題であり、かつ高度に公的な問題でもあります。なぜならば、この社会を維持・継続していくためには一定の人数が必要になってくるので、どれだけの数が生まれて、そうするとこれくらいの社会の規模をどのように維持していこうかといったことは国家の大きな関心になります。非常に私的な問題であるということは受け入れながらも、同時に公的な関心事でもありつづけてきたということは、ここで確認しておかなければならないでしょう。

高度に私的な問題として把握されると同時に、自分たちを含む社会の維持・形成にかかわるような公的な問題として把握される。こういった問題は、基本的には個人の尊重をその社会秩序の形成と維持の基本的価値とする、西洋近代を出発点としたリベラルな社会を形成することを前提とした発想方法です。

国家は本来、個人の生命・身体の安全をはじめ基本的人権を保障することを第一義の役割として担い、個々に異なる個人のおのおのの自由を保障するという意味で国家は相当程度に複雑な運営・統治を実践する責務を負うことになります。もちろん国家には一定の規模、大きさが必要となります。この意味で人口、その構成といったことに国家は関心をもつことが必要になってきます。

あわせてもう一つ、生殖というのは私的な問題のなかにある自他関係問題をはらんでいます。つまり、〈わたしの問題〉だけれど、カップル、なかでも女性は、まさに私のなかから子どもが生まれてくるので、自分のなかにある他者（なかなかそのようには体感できないのかもしれませんが）という問題も考えなければなりません。

先ほど、子どもをもつ権利というのは、子どもをもつ・もたない自由の話としますといいました。旧優生保護法制下における強制不妊手術問題で、いくつか訴訟がはじまっていますが、そのなかの一つに、不妊手術をされた妻の訴訟に夫が原告に加わったケースがあります。「わたしが家族をもつ権利を奪われたのだ」という夫の主張が一部組み込まれているそうです。これはなかなかに難しい問題があるように思われて、ひきつづき私も考えていきたい問題です。

四　人口論という観点

人口政策論の変遷

この問題の公的側面について、人口論という観点からもう少しだけ論じておきましょう。

日本で生殖にかかわる問題として人口論の問題が高まりを見せるのは、一九二〇年代にさかのぼります。高田保馬という人の名を聞かれたことのある方もいらっしゃるかもしれません。「産めよ殖えよ」という小論を書いたことで非常に有名です。一九二〇年には第一回の国勢調査がおこなわれますが、当時は人口がどんどん増えている状況で、この著しい人口増加をどうやって抑えるかが、どちらかというと当時の日本の人口論問題で、生殖をどうやってコントロールするかという発想が主流の議論でした。

しかし、この高田保馬という人は、ちょっと発想が違っていました。逆に、いずれ人口は減っていくことが予見されるとしています。当時すでに北欧諸国では、人口減少にいかに対処するかという問題が議論されていましたが、そのあたりに関心をしっかりもっていて、「人口問題対策の真の課題は来たるべき出生率の減少なのだ、人口減少の防止こそが課題なのだ」と髙田保馬は主張します。その一環として「産めよ殖えよ」という彼を非常に有名にした議論が示され、結果的に、その後政治のプロパガンダに使われていくことになってしまいます。このあたりの歴史的経緯の詳細について私は専門外ですが、社会経済学者の杉田菜穂先生による詳細なご研究がありますので、ここでは杉田先生の議論をベースにお話しさせていただきます。

人口論という観点から見たとき、やはり人口の量だけではなくて、必ず質の重要性を認める議論が伴います。このことが優生思想の発想とつながってくるわけですが、当時の日本における人口の質を問う際の優生思想は、実はヨーロッパ諸国とは毛色が違っていたということが指摘されます。

杉田先生は、社会実業家の海野幸徳の小論を取り上げます。そこで読み解かれることは、いまわたしたちの優生思想は遺伝による性質の改善や、そういった発想で優生の概念を捉えるけれども、当時の日本で議論される優生思想は、個別の社会的な境遇の改善に接続をする、優境の概念との統合を意味すると考えられていた、ということです。

優境を端的にいうと次のようになります。個別の状況のもとで、困難を抱える人たちがいますが、こうした個別の境遇を優良な状況へと改良することを目指そう、ということです。こうした意味で、優境という理念を内包した思想としての優生概念が導入されていて、戦後の人口問題の対策としての社会政策、なかでも家族政策に、優境の思想が一定の影響力を維持していたと考えられる、というわけです。

私はこのあたりを分析する能力はないのですが、かなり説得力のある検討・分析ではないかと考えています。

その延長線上に現在の社会はあるのであって、次にお話しする現在の少子化対策は、この優境という理念を底流としているのではないかと考えています。

少子化対策

日本政府が進めている少子化対策は、質・量の両面から子育てを社会全体で支えることが目指されています。量的な側面の目的としては、すべての家庭が利用できるような支援をしようという発想があります。質的な側面としては、子どもたちがより豊かに育っていけるような支援をしようという発想があります。

この政策には、子どもがいる家庭に生じている、ないしは生じる可能性のある親の就労に関する問題点ですとか、子育てをする時間や場所、子育てにかかわる機関、いろいろな施設のスタッフの就労環境、その他境遇上の問題の改善を図ることによって、量的・質的に子育ての充実を図ろう、という発想があると考えられます。

こうした政策が少子化対策の一環であることは明らかです。いろいろな政策も同様ですが、こうした環境整備をおこなうことによって、お子さんを得ようとしている方たちに対し、子育てとともに社会生活を送るうえでの障害や負担を軽減して、出産への不安の低減を図り、ひいては出産に対するより積極的な姿勢へと誘導する。こういったことが政策的に求められるということになります。では本当に十分できているかというと、実際はいろいろ問題がありますが、少なくともそういう発想でこれまで議論がなされ、政策が作られてきました。

ところで制度というのは、制度自体の良し悪しも含めて、その制度が、どのような環境で、どういった運用の状況にあるのかということと切り離して議論することはできないのだろうと思います。実際に子育て支援をする状況が必要になってくる環境の背景には、就労の状況から「まだ若い段階で子どもを産むわけにはいかない」「もう少し待って、もう少し仕事をして落ち着いてから」といったようなことが実際に起こってきます。そうなれば当然、高齢出産となる可能性は高まり、生殖補助技術を利用することになります。

日本において生殖補助技術が非常に普及していることは、しばしば報道もされておりみなさんもご承知かもしれません。現在かなりの数になっていることを示しておきます。日本産科婦人科学会によると、生殖補助技術のなかで体外受精にかぎっても、現状、年間の実施件数は四二万件を超えているといわれています。体外受精で生まれてきた赤ちゃんは、二〇一七年現在で全出生数の二〇人に一人程度はいる割合です。一九八三年が日本での第一例ですが、累計出生数は四八万件を超えているといわれています。

不妊治療のクリニックの数や体外受精の実施件数は、ほかの諸国と比べても群を抜いて多いです。データが古いのですが、二〇一〇年調べでヨーロッパ三一カ国で体外受精の件数が五五万件、また、アメリカは二〇〇九年に二一万件です。これに対して日本は四二万件ぐらいあるというのは、かなりの数という状況です。

五　生殖補助技術の進展と公的助成制度

こうした状況で少子化対策がとられています。少子化対策としての不妊治療に関しては助成制度が作られました。年齢制限、所得制限等ありますけれども、かなり広がり、多くの方に使っていただけるようになっています。また国レベルでの助成の範囲を超えた自治体による助成もおこなわれています。ちょっと珍しいところでは、千葉県浦安市では、若年の未婚の女性を含み、卵子凍結についての助成制度を作りました（二〇一八年に助成終了)。かなり分け入ったところまで助成がおこなわれているということかと思われます。

先ほどいったとおり、少子化対策には量的・質的側面それぞれあって、すべての家庭が利用できる支援という量的側面、生まれてきた子どもたちがより豊かに育っていける支援という質的側面があります。しかし、何が量的側面にもとづく制度であり、また何が質的側面にもとづく制度であるかは、必ずしも判然としません。公権力が生殖に対して直接かつ積極的に当事者に介入することについては、冒頭で述べた公権力による〈わたしの問題〉への介入といった、よく考えなければならない事項があります。そこで金銭の助成という形式は、生殖への介入の仕方として妥当であるのか、他の可能性はどうかを問う必要があるのではないか、と考えられます。

さてそういった状況で、先ほど申し上げたような新しい生殖補助技術が日本に導入されました。これがいわゆる非侵襲型出生前検査(Non Invasive Prenatal Genetic Testing)、NIPTといわれて報道もされてきました。簡単にお伝えすると、一三番目、一八番目、二一番目の染色体異常について判定する検査技術のことです(導入当初)。非常に簡便な検査である一方、精度が高いと広く報道されました。確定診断にはいたらない検査ですが(当初はそのことさえも報道されませんでした)、それでも精度が高いということで非常に注目されたものです。

しかし、NIPTはアメリカの会社が作った検査で、日本にいきなり入ってくることには、やはり大きな懸念が産科・婦人科の先生方にもありました。遺伝にかかわる問題でもあることから、この検査技術を導入するにあたって遺伝カウンセラーのかかわり方を検討するといった内容を含んだ臨床研究というかたちではじめられました。

この研究は二〇一三年四月からスタートしました。研究の進行につれて実施状況等の情報がメディアを通じてかなり報じられました。その報道内容をみると、こういう研究をやっているのはこの病院で、検査を受けた人は何人で、そのうち陽性判定が出た人はこれくらいいて、そのうちこれくらいの人が中絶したといった情報がメディアから次々に出てくることになり、遺伝カウンセラーによるカウンセリングの話はほとんど報道されることなく、一体どうなったのだろうという状況がつづきました（これはメディア報道の問題かもしれません）。

日本では法制上、胎児の状態を理由とする人工妊娠中絶は許容されていません。刑法には堕胎罪があり、先ほど出てきた旧優生保護法が転じて作られた母体保護法で、経済的な理由等を含め、基本的には母体の保護を理由とする場合にのみ人工妊娠中絶は許容されています。そうした状況なのに、ＮＩＰＴ陽性判定で何パーセントの人が中絶しましたということが表立って次々に報道される。この地域の病院で何人中絶をしたという報道まで出てきていました。

この検査技術自体は染色体異常に関する検査結果を明らかにするだけです。事後に妊娠を継続するかどうかについては、臨床研究の手順として、きちんと遺伝カウンセラーからの説明があって、いろいろな支援があって、そのなかで当事者である母、あるいはそのカップルが決定する、当事者がおこなうというかたちになっています。

その際、この臨床研究の当事者はさまざまな個別状況をふまえて、必要な情報やアドバイスを受けるという仕組みになっていました。つまり、当事者には判断すべき事項について、よくよく考えるべき環境や情報が提供されていて、その環境下で当事者自身の自由意思にもとづいて一定の判断をなすような手立てが講じられている。その結果として高率の人工妊娠中絶が当事者によって判断され、実施されている状況が生じているのだ、と。ここは理解しておく必要があると思います。結局陽性判定が出た方のうち九四パーセントの方が（二〇一八年一〇月講演時の状況）、中絶をされていました。

生殖補助技術が確立して、それが進展することは、生殖に対する外的コントロールが可能になり、それが広がっていくことを意味します。歴史をふりかえってみれば、一八九〇年代以降の世界規模で隆盛した優生思想にもとづき、障がい者に対する強制不妊手術の合法的実施など、いろいろなことがありました。その当時におこなわれていたまさに優生思想（ただし日本では優境思想というものが強かった）を基盤として、法律的には強制不妊手術を許容してきたわけです。そのときの優生思想のあり方は、いわゆる公権力が直接に強制的に不妊手術をおこなっていました。あるいは任意だったかもしれないけれども公権力が大きな関与をし、現実には不妊手術がおこなわれていたといえるでしょう。

これに対して、現代のこの状況は、そうではありません。公権力がそこに関与するわけではなくて、当事者にさまざまな情報、相談の状況、環境を与えて、「さあ、決めるのはあなたです」と、当事者が決定する仕組みを完備する状況になっているのです。

かつての国家や権力による強制や制度上の不備といった、いわゆる「ハード」の問題ではない。わたしたち一人一人がもつ、「障がいはない方がよい」「自分の子どもは健常者として生まれてきてほしい」という優生的欲望、すなわち「ソフト」の問題として（内なる優生思想とも称します）、各自に内面化された優生思想が、個人の尊重という現代法制の価値基盤（これはリベラリズムといっていいかもしれません）によって容易に発露される環境が作られる、こういう状況にあるということができるでしょう。

六　リベラリズムと生殖政策

〈わたしの問題〉と〈わたしたちの問題〉

ここで、リベラリズムと生殖の問題が浮上します。ここでいまいちど〈わたしの問題〉と〈わたしたちの問題〉に戻らなければいけません。現代の法制はリベラリズムの考えにもとづくというべきでしょうが、この「イズム」に支えられる現代の自由主義法制下において、どんな家族を作るのかは、繰り返しになりますが、高度に私的な問題、つまり〈わたしの問題〉だと考えられます。公共的な問題すなわち〈わたしたちの問題〉とは違って、〈わたしの問題〉であることの特徴は、それが〈わたしの問題〉であるかぎりで、これは〈わたしの問題〉なのだから、その決定について「わたしが決めた」といえば、それ以上の正当化の理由を問わないことにするというのが〈わたしの問題〉の眼目なわけです（なお、必ずしもこれのみがリベラリズムの眼目というべきではないというのが私の主張ではあるのですが）。

ただし生殖は、こちらも繰り返しますが、高度に私的な問題だけれども、それにとどまらない、当事者のなかでは完結しない、第三者である子どもを産み出すという活動なので、この社会の構成員を作り出す中心的な活動になります。したがって、子を産む者たちにとって高度に私的な問題である一方で、近代法制を支える社会を構成する個人を産み出す方法なので公共的な関心もありますという話になります。

だから、個人のあり方、生き方に対して基本的に公権力は、中立性という言い方が正しいかどうかわかりませんけれども、不用意に不当に介入してはならないというのが、リベラリズムの基本的な発想方法です。これは前近代の身分制に象徴されますが、個人の生に対してかなり介入があった状態から、近代において個人という考え方が発明されて（発見との関係については別途論じる必要があります）、「誰それさんのところの、どういう身分の人」ではないその人として、〈わたしの問題〉に関して公権力が正当な理由なく介入しない。こういったことがリベラリズムの眼目になりました。

これに対して〈わたしたちの問題〉というのは、〈わたしたちの問題〉なのだからわたしの嗜好によって決められる問題ではなく、「わたしが決めた」というだけでは決定に対して十分な理由とはなりえません。よくあると思いますが、ある問いに対して、これは〈わたしの問題〉とした場合に「どう考えますか」という問いへの答え方と、同じくこの問題を「〈わたしたちの問題〉とした場合にどう考えますか」という問いへの答え方とでは、同じ問題に対してであっても答え方が変わってくることがあります。

いわゆるＮＩＭＢＹ（Not In My Back Yard）問題について考えてみましょう。わたしたちの町の人が使うゴミ処理場が必要である場合、それをどこに作るのかが問われたとしましょう。仮に自分の家の裏庭にごみ処理施設が建設されるという案が出た場合、どのようにこの問いを考えるべきか、です。たしかにゴミ処理場が必要なのはわかるけれども、うちの裏庭は嫌だな、とわたしは思うかもしれない。しかしゴミ処理場はわたしたちにとって必ず必要なのだからこれはわたしたちの問題として考え、決定しなければならないと考えられます。このとき、わたしは「わたしの家の裏庭だから（それはわたしが嫌だから）反対です」と主張することが、反対の正当な理由になるかどうかです。それではわたしたちの問題に応えるに耐える理由とはならないというのが、リベラリズムにもとづく発想です。

これはリベラリズムが前提とする公私二元論という考え方を前提としています。わたしたちの、この町の、この村の問題として、これをどう受け入れるか、受け入れないかという観点で議論をするという姿勢を、〈わたしの問題〉とは区別して捉える、ということをリベラリズムは要求します。つまりは集合的な帰結の問題として捉えることが求められるのです。だからこそ、〈わたしたち〉で話し合い結論を出す問題と、〈わたしの問題〉についてとは切り離して考えましょう、ということになります。ここがぶつかり合うところが生殖の問題です。

助成金制度はやや難しい問題ではありますが、「お金を与える、助成をする」という介入のあり方については、よくよく考える必要があります。一応、間接的であると思われるということで正当化されていると考えられますが、しかし、先ほども申し上げたとおり制度というのは「どのような環境で実際に運用されるのか」ということと切り離して考えるわけにはいきません。ですからこの生殖補助の技術がどういうふうに機能しているかということを考えずして、「助成金なのだから」「間接的なのだから」で正当化できるとは必ずしもいえない、と私は考えています。

関係的プライバシー権

もう一つ残された論点があります。これが、やはり一番大きな問題になってきそうなところです。それが、私のなかの〈わたしたちの問題〉です。この論点は、関係的プライバシーの観念という話になります。

プライバシー権というものの観念は、法学でも長らく議論されてきました。生殖の話とはダイレクトにかかわらないものの、自己情報コントロール権という、「自分がどういう人間であるか」とか、「どんな情報をもっているか（たとえば情報が間違っている場合には修正するといったことも考えられます）」とかを、みずからコントロールする権利という角度、パースペクティブによるプライバシー権が、特に憲法学の領域では語られます。つまり個人というものに帰される観念として想定されることが少なくありません。

しかし他方で、〈個〉を基盤におく近代法体系を維持するためには、個を育む環境の確保が必要です。プライバシーというのは本来、個を育んで、個としての活動の基盤となる環境を、国家、社会から介入を受けることなく育む場であったはずです。つまりプライバシーとは、本来は近代法体系の内部にあって、それを支えるために構想された観念なのです。

個を生み出し育む環境の典型としては家族が想定されますが、これは個人と家族とのあいだに立つ相互媒介制度と位置づけられるでしょう。たしかに家族は近代以前から事実として存在しつづけてきたけれども、これに法的主体としての個人を生み出したり育んだりする環境としての法的役割を付与することは、近代法体系上も強く要請されてきて、当然の前提とされてきたことだろうと思います。

ただし、どういうかたちの家族形態が典型となるのかについては、少なくとも憲法などは具体的にはいっていません。立法施策としていろいろあるかもしれませんが、そのような具体的な想定が憲法から出てくるのかというと、私自身はそのような理解には懐疑的です（ここは理解の仕方として争いのあるところかと思います）。たとえば、妻と夫でなくてもいいですが、個を育み、個としての活動の基盤となる環境としては、一定のパートナーシップ関係や親子関係、あるいは長期的な介護ケア関係などという、契約関係が前提とするギブアンドテイクには還元されないような関係性がここでは想定されると考えられます。プライバシー権は、こうした特定の関係にある特別な関係性の維持・継続の確保を権利として認めるものだと考えることができるし、そうでないとリベラルな社会自体が維持できないだろうということです。このことは、個人を個人として尊重するという近代法における要請に応える基盤としての環境と位置づけることを可能にします。

この関係性の維持・継続の保護を意味するプライバシー権は、先ほどちらりと述べた自己情報コントロール権、個を基盤とする、まさに個人で完結するタイプのプライバシーの考え方、いわゆる自己完結型のプライバシー権とは異なる、高度に親密な関係性の創出・維持を目的とする、そういった関係的プライバシー権というものを意味していると思われます。対公権力との関係では〈放っておいてもらう権利〉といえますが、関係の創出や維持は〈放っておいてもらう〉という意味では非常に消極的な権利になります。

しかし、ここで問題になってくるのは、関係性内の当事者は、その関係の維持にむけて、どういった権限なり権利なり義務なり責任なりというものを負うことになるのか、です。

現行法上、家族には家族相互間に扶養義務があります。未成熟な子どもに対する親の高度な扶養義務も法的に組み込まれています。でも、なぜ扶養義務が課されるのかについてはいくらかの議論はあるものの現在のところ「家族だから」という以上に理にかなった説明をする言葉を有していない。それはそういうものだ、ということが前提になっているようです。

いずれにしても、そこでどういうことが考えられていたのかをもう少し考えると、やはり、そこには、法学用語でいうと、いわゆるギブアンドテイク型の契約関係にもとづくような相互性とは一線を画する、ある種片務的な、一方向的な負担を関係性内のメンバーはもっている。そうでないとプライバシーは維持できないだろうと考えられます。

相互にギブされたからテイクする、テイクされたからギブするという関係ではなくて、一方向的な高度な扶養義務というのは、相手から何かを要請されたわけではないけれども、わたしはそれを負うし、するという、こういった片務的負担がすでに近代法制に制度として織り込まれて実際に機能しているということです。

そこで、片務的な負担はどういったものとして理解すべきなのでしょうか。一方向的な片務的な負担というのは、リベラルのなかに組み込まれているのだけれども、一見すると非常に非リベラルな概念です。しかし、これなくしてはプライバシーは成り立たないはずで、この状況をどう考えようかということです。

七　リベラリズム・再考——承継（entailment）の観念

最後になりますけれども、こういうことを提言しておきたいと思っています。近代法を支えるリベラリズムの思想というのは、社会を構成する基盤として、個人を他の何者でもない個人として尊重すべき価値をおくものだと考えられます。

これは、先ほど自己情報コントロール権という言い方をしましたが、ともすると、自己完結型のプライバシーを前提として、まさにインディペンデントというところに強調をおいて理解される傾向があります。この考え方は、「共時的に考える」ということと親和します。つまり、何も引き継がない。親がどういう身分であったのか、どういう立場であったのか、どういう家柄だったのかということを引き継がない。あらゆるかたちで個人というものをゼロからスタートする。そういう個人を想定して、個人の資格をゼロから考える、いわば原始取得するものとして考えましょう、ということです。

これは、前近代から近代に変わる大きなインパクトを与えた考え方の変化ですし、そうでなければならなかった事情はきっとあったのだと思います。しかし同時に、あまりにも当然であるがゆえにおそらく言語化されてこなかったのかもしれませんが、そこには必ずなんらかの通時性が織り込まれていただろうと考えられるのです。これを、私は承継取得（entailment）という概念から捉えられるのではないか、と思っております。

プライバシー権を尊重するためには、個人を育む環境が個人の前提として要請されるのであって、その環境を必要とする存在に向き合ってしまった者は、毀損することなくみずからが承継した環境をその者に対して用意する、ということです。このような意味として関係的なプライバシーを捉えて、個人という人格の概念は、原始取得には還元できない前提を含んで捉えるべきではないか、と考えます。

したがって、たとえば親がこの社会で受け継いでいるなんらかのもの、これはまだ不勉強でよくわからないところがあるのですが、大ざっぱには市民権的なるものといってもいいのかもしれません。この社会でいろいろなしがらみを受けながら、でも、それなりに自由に生きている。こういったものを子どもに対して承継することは少なくとも、この現代のリベラルな社会では、親が子に対して負うべき片務的な負担であるだろうということになります。

子は、親の所有物とは異なる一人格であるので、生まれた子に対して特別の関係に立つことになった者は、向き合ってしまった存在としての子に対して、向き合ってしまった人間として、その子を対国家、対社会からの不当な介入から保護し、自律した個人として養育する権限と責務を有します。これが、ここでの片務的負担であり、関係的プライバシーのなかではたさなければならない親の責務であり、権限であるということになるし、これが可能となる整備と支援をすることが国家の役割である、と私は考えています。

向き合ってしまった人との関係ということを、私は昨今ずっと考えて論じています。リベラルというのは個人を中心に考える。契約主体でもそうですけれども、わたしの自己決定ということを非常に重要視する考え方だといわれています。それはそれで非常に重要なことです。

八　個を尊重するということ

しかし、わたしの自己決定、わたしの生き方というものが、この社会のなかで尊重されねばならないという、この「イズム」であるリベラリズムというのは、同時に、わたし以外の人がわたしと同様に尊重されて維持されなければならないということなくしては語ることができないはずです。この前提でもう一度、個を尊重するということを考えなおす必要があるのではないか、と。

そのとき、もしリベラルに言葉として足りないものがあるとするならば、これについて、それがどのようなことであるのか考え、論じなおしてみる必要があるのではないか。私はそう考えています。その一つとして、リベラルが内包している、一見すると非リベラルな観念であるところの「承継」という概念について今後、検討を進めていきたいと考えております。

まとまらない話で申し訳なかったのですが、以上が私からの話になります。ご清聴、どうもありがとうございました。

参考文献

厚生労働省政策統括官（統計・情報政策担当）（二〇一七）『政府統計　平成二九年　我が国の人口動態　平成二七年までの動向』。

国立社会保障・人口問題研究所（二〇一七）『日本の将来推計人口　平成二九年推計』。

杉田菜穂（二〇一〇）『人口・家族・生命と社会政策　日本の経験』法律文化社。

杉田菜穂（二〇一三）『〈優生〉・〈優境〉と社会政策　人口問題の日本的展開』法律文化社。

辰井聡子（二〇〇二）「生命倫理と堕胎罪・母体保護法の問題点——人工妊娠中絶をめぐって」『現代刑事法　その理論と実務　特集・生命倫理と刑事規制』42号。

利光恵子著、松原洋子監修（二〇一六）『戦後日本における女性障害者への強制的な不妊手術』立命館大学生存学研究センター。

内閣府、文部科学省、厚生労働省（二〇一七）『子ども・子育て新支援制度　平成28年度4月改訂版　なるほどＢＯＯＫ』。

日本産婦人科学会　倫理に関する見解 http://www.jsog.or.jp/ethic/index.html

日本産科婦人科学会（二〇一七）「平成二八年度倫理委員会　登録・調査小委員会報告　２０１５年分の体外受精・胚移植等の臨床実施成績および２０１７年7月における登録施設名（１８４１）」『日産婦誌』第69巻第９号。

中山道子（一九九九）「公私二元論崩壊の射程と日本の近代憲法学」井上達夫・嶋津格・松浦好治編『法の臨界［Ⅰ］法的思考の再定位』東京大学出版会。

野崎亜紀子（二〇〇一）「特別関係にもとづく義務と責任」日本法哲学会編『法哲学年報２０００　〈公私の再構成〉』有斐閣（本書第五章）。

野崎亜紀子（二〇〇七）「私事・自己決定・関係性——プライバシーの観念という視点」『高等研報告書　国際比較から見た日本社会における自己決定と合意形成（研究代表者／田中成明）』財団法人国際高等研究所。

野崎亜紀子（二〇一四）「規範的関係論・序説」『千葉大学法学論集』29巻１・２号（本書終章）。

野崎亜紀子（二〇一七）「〈個人の尊重〉と〈他者の承認〉——新型出生前検査から考える」『同志社アメリカ研究』53号（本書第一章）。
森岡次郎（二〇〇六）「「内なる優生思想」という問題——「青い芝の会」の思想を中心に」大阪大学教育学年報第一一号。
山中美智子・玉井真理子・坂井律子編著（二〇一七）『出生前診断　受ける受けない　誰が決めるの？　遺伝相談の歴史に学ぶ』生活書院。
Brock, W. Dan, Shaping Future Children, in James S. Fiskin and Robert E. Goodin eds, *Population and Political Theory, Philosophy, Politics and Society 8*, Wiley-Blackwell, 2010.
Rao, Radhika, Property, Privacy, and the Human Body, 80 *Boston University Law Review*, 359 (2000).
Shachar, Ayelet, *The Birthright Lottery: Citizenship and Global Inequality*, Harvard University Press, 2009.
Watson, R. Ronald ed, *Handbook of Fertility: Nutrition, Diet, Lifestyle and Reproductive Health*, Academic Press, 2015.

注

（1）本補論は、二〇一八年一〇月六日、大阪府立大学女性学研究センターで開催された、大阪府立大学女性学研究センター二〇一八年度第二二期女性学講座講演会「ケアの倫理とリベラリズム——依存、生殖、家族」における講演にもとづいて、まとめ直している。肩書き等は当時のものである。なお生殖がテーマの一環となった本講演会においては、事実関係等講演時点の状況をもとにしており、事後更新すべき点もあることをご容赦願いたい。当日ご参加の皆様には篤くお礼申し上げる。

索　引

■さ行

■た行

■な行

■は行

■ま行

■や行

■ら行

著者略歴

獨協大学法学部教授。千葉大学法経学部卒業、2001 年千葉大学大学院博士課程修了。博士（法学）。広島市立大学国際学部准教授、京都薬科大学教授を経て現職。主な業績に「生殖の規律における自己決定の現在地」『法律時報』96 巻 4 号（日本評論社、2024）37-43 頁、「〈ぼんやりとした〉集合的意思決定」日本法哲学会編『法哲学年報 2020』（有斐閣、2021）68-79 頁、「法は人の生 life を如何に把握すべきか――Martha Minow の関係性の権利論を手がかりとして（一）―（四・完）」21（1）1-62 頁（2006）、21（2）1-60 頁（2006）、21（3）101-142 頁（2006）、21（4）45-109 頁（2007）。

〈つながり〉のリベラリズム
規範的関係の理論

2024 年 10 月 10 日　第 1 版第 1 刷発行

著　者　野《の》　崎《ざき》　亜紀子《あきこ》

発行者　井　村　寿　人

発行所　株式会社　勁《けい》　草《そう》　書　房

112-0005 東京都文京区水道 2-1-1　振替 00150-2-175253
（編集）電話 03-3815-5277／FAX 03-3814-6968
（営業）電話 03-3814-6861／FAX 03-3814-6854
三秀舎・牧製本

©NOZAKI Akiko 2024

ISBN978-4-326-10343-0　Printed in Japan

JCOPY ＜出版者著作権管理機構 委託出版物＞
本書の無断複製は著作権法上での例外を除き禁じられています。
複製される場合は、そのつど事前に、出版者著作権管理機構
（電話 03-5244-5088、FAX 03-5244-5089、e-mail: info@jcopy.or.jp）
の許諾を得てください。

＊落丁本・乱丁本はお取替いたします。
ご感想・お問い合わせは小社ホームページから
お願いいたします。

https://www.keisoshobo.co.jp

野崎綾子
新版 正義・家族・法の構造変換
リベラル・フェミニズムの再定位
四六判 三八五〇円

ジョアン・C・トロント
岡野八代監訳
ケアリング・デモクラシー
市場、平等、正義
A5判 三七四〇円

ジョアン・C・トロント
杉本竜也訳
モラル・バウンダリー
ケアの倫理と政治学
A5判 三九六〇円

山根純佳
なぜ女性はケア労働をするのか
性別分業の再生産を超えて
四六判 三六三〇円

マイケル・スロート
早川正祐・松田一郎訳
ケアの倫理と共感
A5判 三五二〇円

那須耕介
橋本努 編著
ナッジ!?
自由でおせっかいなリバタリアン・パターナリズム
四六判 二七五〇円

＊表示価格は二〇二四年一〇月現在。消費税は含まれております。

勁草書房刊